V&R

classica

Kompetenzorientierte lateinische Lektüre
Herausgegeben von Peter Kuhlmann

Band 3:   Vergil
          Aeneis
          Bearbeitet von Stefanie Jahn

Vergil
Aeneis

Bearbeitet von Stefanie Jahn

2., überarbeitete Auflage

Vandenhoeck & Ruprecht

Bibliografische Information der Deutschen Nationalbibliothek

Die Deutsche Nationalbibliothek verzeichnet diese Publikation in der Deutschen Nationalbibliografie; detaillierte bibliografische Daten sind im Internet über http://dnb.d-nb.de abrufbar.

ISBN 978-3-525-71116-3

Umschlagabbildung: Gagafoto@online.de

© 2016, 2014, Vandenhoeck & Ruprecht GmbH & Co. KG, Theaterstraße 13, D-37073 Göttingen/
Vandenhoeck & Ruprecht LLC, Bristol, CT, U.S.A.
www.v-r.de
Alle Rechte vorbehalten. Das Werk und seine Teile sind urheberrechtlich geschützt.
Jede Verwertung in anderen als den gesetzlich zugelassenen Fällen bedarf der vorherigen schriftlichen Einwilligung des Verlages.
Printed in Germany.

Satz: SchwabScantechnik, Göttingen
Druck und Bindung: ⊕ Hubert & Co GmbH & Co. KG, Robert-Bosch-Breite 6, D-37079 Göttingen

Gedruckt auf alterungsbeständigem Papier.

Inhalt

I. Einleitung

Vergil: Der Autor und sein Werk	8
Rom zur Zeit Vergils	14
Römische Wertvorstellungen	16
Metrik	18
Die Sprache der *Aeneis*	20
Die *Aeneis:* Chronologische Übersicht über die Handlung	22

II. Texte

Aeneas: Mission mit Hindernissen

1. Aeneas – ein zweiter Odysseus? (Aen. 1, 1–33) (A)	24
2. Die Troianer in Seenot (Aen. 1, 76–107) (A)	26
3. Neptun greift ein (Aen. 1, 124–156) (A)	28
4. Die Bestimmung des Aeneas I – Venus' Klage (Aen. 1, 223–253)	30
5. Die Bestimmung des Aeneas II – Jupiters Antwort (Aen. 1, 254–304) (A)	32

Aeneas erzählt

6. Das Troianische Pferd (Aen. 2, 21–56) (A)	34
7. Laokoons Tod (Aen. 2, 201–234) (C)	36
8. Fliehen oder Kämpfen? (Aen. 2, 268–317) (C)	38
9. Flucht aus Troia (Aen. 2, 651–672; 730–751) (C)	40
10. Achaemenides (Aen. 3, 588–638) (A)	42

Dido und Aeneas

11. Didos Gefühle (Aen. 4, 1–30; 68–79; 86–89) (B)	44
12. Eine Botschaft von Jupiter (Aen. 4, 259–295) (C)	46
13. Tragisches Ende (Aen. 4,331–347a; 351–355; 360–375; 381–387; 393–396) (A)	48

Kurs auf Italien

14. Ein Wettrennen (Aen. 5, 75–83; 137–171) (B)	50
15. In der Unterwelt (Aen. 6, 548–584) (B)	52
Hintergrundinformation: Das Goldene Zeitalter	54
16. Eine glorreiche Zukunft (Aen. 6,760–766; 788–805; 826–841; 847–853) (C)	56
Der Prinzipat im Urteil des Tacitus	58
Römischer Imperialismus aus der Sicht der Unterworfenen	59

Aeneas in Latium

17. Turnus (Aen. 7, 445–474) (C)	62
18. Mezentius (Aen. 8, 470–513) (B)	64
19. Pallas und Turnus (Aen. 10, 476–517a) (C)	66
20. Der Sohn des Mezentius (Aen. 10, 783–832) (B)	68
21. Euanders Klage (Aen. 11, 148–181) (C)	70
22. Juno gibt nach (Aen. 12, 818–840)	72
23. Das Ende der Kämpfe (Aen. 12, 919–952) (A)	74
Vergil: Ein Autor für alle Zeiten	76

III. Anhang

Lernwortschatz	78
Stilmittel	91
Eigennamenverzeichnis	94
Weiterführende Literatur	99

Liebe Schülerinnen und Schüler,

Vergils *Aeneis* ist das Thema Ihres Lateinunterrichts in diesem Halbjahr. Das Werk behandelt die Geschichte des mythischen Helden Aeneas vom Untergang Troias bis zu seinem Sieg in Latium (Italien).

Anhand der Lektüre können Sie Ihre Sprach-, Kultur- und Textkompetenz erweitern und vertiefen. Darüber hinaus präsentiert der Aeneas-Stoff in der Darstellung Vergils eine Vielzahl von Charakteren, Verhaltensweisen und typischen menschlichen Lebenserfahrungen, mit denen wir uns und unsere Erfahrungen identifizieren oder kontrastierend vergleichen können. Schließlich ist die *Aeneis* aber auch ein Werk ihrer Zeit. Sie ist verankert in der Geschichte und Gesellschaft Roms unter Augustus und nimmt auch ausdrücklich Stellung dazu. All diese Aspekte des Werks will Ihnen dieser Lektüreband zugänglich machen.

Vergil ist ein Dichter, und die lateinische Dichtersprache ist für Ungeübte nicht leicht zu verstehen. Sie weist deutliche Unterschiede zur Prosasprache auf, an die man sich gewöhnen muss. Um Ihnen den Einstieg zu erleichtern, befinden sich in den ersten Texten zusätzliche Hilfen, die später wegfallen (Hilfen zur Ergänzung von Prädikaten und zur Wortstellung; Auflösung von typisch dichterischen Wortformen; Verweise auf Besonderheiten der Dichtersprache, die in der Einführung erklärt sind; Markierung von Adjektiv und Beziehungswort, wenn diese weiter auseinanderstehen). Besonders schwierige Stellen sind aber auch in den späteren Texten noch mit entsprechenden Hilfen versehen. Die Buchstaben A, B, C hinter den Überschriften geben Ihnen außerdem eine Einschätzung des sprachlichen Schwierigkeitsgrades des jeweiligen Textes. Die ersten Texte enthalten besonders viele sprachliche Hilfen (z. B. markierte Hyperbata, Auflösung von dichterischen Wortformen) und sind deshalb in den Schwierigkeitsgrad A eingestuft. Die Schwierigkeit kann natürlich, je nach Vorkenntnis und Übersetzungspraxis, individuell unterschiedlich wahrgenommen werden.

In der Fußzeile finden Sie Hinweise zur Grammatik und zu wichtigen Wörtern des Basiswortschatzes. Wiederholen Sie die Wörter und Grundregeln der angegebenen Phänomene vor dem Übersetzen; das wird Ihnen den Umgang mit dem Text erleichtern.

Im Anhang befindet sich ein Lernvokabular zu jedem Text, das zusammengestellt wurde, um Sie bei der Sicherung und Erweiterung Ihres Wortschatzes zu unterstützen. Es wurden vor allem Wörter ausgewählt, die auch in anderen lateinischen Texten häufiger vorkommen. Etliche werden Sie sogar in einem oder mehreren der späteren Vergiltexte wiederfinden. Vokabeln, die weder im Lernwortschatz enthalten noch als Hilfe neben dem Text angegeben sind, sind leicht im Wörterbuch zu finden.

Vergil: Der Autor und sein Werk

Biographie (Informationstext)

Publius Vergilius Maro wurde am 15. Oktober 70 v. Chr. bei Mantua (heute: Mantova) in Oberitalien, vermutlich als Sohn eines Grundbesitzers, geboren. Über sein Leben weiß man nicht viel Genaues. Einige Informationen darüber basieren nicht auf sicheren Quellen, sondern auf Schlussfolgerungen aus seinen Werken: Man vermutete, bestimmte Personen oder Ereignisse, die dort erwähnt werden, seien Anspielungen auf persönliche Erlebnisse Vergils. Sicher ist, dass er irgendwann vor 29 v. Chr. in Rom in den Kreis des Maecenas aufgenommen wurde, eines engen Vertrauten des Augustus, der Dichter förderte. Aufgrund dieser Verbindung brachten die Dichter um Maecenas in ihren Werken häufig eine positive Sicht des Augustus und seiner Herrschaft zum Ausdruck. Von dem Namen Maecenas ist das Wort »Mäzen« abgeleitet. Es bezeichnet in unserer Sprache einen Menschen, der sein Vermögen einsetzt, um Kunst und Wissenschaft zu fördern.

Vergil verfasste drei große Werke: zuerst die *Eklogen* (»Hirtengedichte«, eine Sammlung kleinerer Gedichte, die in der Nachfolge des hellenistischen Dichters Theokrit ein lebendiges Bild von der Welt der Hirten auf dem Land zeichnen), dann die *Georgica* (ein umfangreiches Lehrgedicht, das die Arbeit und das Leben der Landbauern beschreibt) und schließlich die *Aeneis* (ein Heldenepos nach dem Vorbild des griechischen Dichters Homer).

Am Ende seines Lebens reiste Vergil nach Griechenland. Hier wollte der Dichter sein Werk noch einmal überarbeiten, doch konnte er dieses Vorhaben nicht mehr vollenden. Er erkrankte auf der Reise, kehrte nach Italien zurück und starb am 21. September 19 v. Chr. in Brundisium (heute: Brindisi). In seinem Testament hatte Vergil bestimmt, dass nichts veröffentlicht werden sollte, was bei seinem Tod noch unveröffentlicht war, doch Augustus setzte sich über diesen Wunsch hinweg und ließ das Werk herausgeben. Obwohl deshalb einige Verse unvollständig blieben, hatte das Werk großen Erfolg in Rom. Innerhalb kürzester Zeit wurde es zum römischen Nationalepos, d. h. zu dem epischen Werk, das die historischen Ursprünge des römischen Volkes schilderte, seine kulturellen Grundlagen präsentierte und so zentrale Aspekte des römischen Selbstverständnisses zum Ausdruck brachte. Vergil wurde zum wichtigsten Dichter Roms, dem man entweder nacheifern oder von dem man sich gezielt abgrenzen musste.

Die Gattung: Epos

In der modernen Literatur bezeichnet »Epik« die Gattung der erzählenden Texte. Doch während man darunter heute, z. B. in der deutschen Literatur, eine Prosaerzählung versteht, war ein Epos in der antiken Literatur immer in Versform verfasst. Der Stoff eines Epos bestand üblicherweise aus Erzählungen über Götter und Helden. Letztere konnten einerseits die traditionellen Helden – meist Halbgötter – der Vorzeit sein, später aber auch historische Personen, die Großartiges geleistet hatten – wobei es bei diesen Leistungen meistens um Kriege und Eroberungen ging.

Die Römer haben diese literarische Gattung, wie die meisten Literaturformen, von den Griechen übernommen und orientierten sich dementsprechend an griechischen Vorbildern. Das älteste Epos der Griechen war Homers *Ilias*. Dieses Werk, das vom Troianischen Krieg handelt, und die *Odyssee* (vgl. S. 10 ff.) stellten die wichtigsten Vorbilder für die Gattung dar. Für die römische Dichtung wurde nach den Annalen des Ennius auch Vergils *Aeneis* in diesen Rang eines Vorbilds für die gesamte Gattung erhoben.

In der *Aeneis,* die den homerischen Epen auch thematisch nahesteht, erkennt man an vielen Stellen das Vorbild der *Ilias* oder *Odyssee*. Die enge Beziehung wird bereits im Aufbau deutlich, denn man kann die *Aeneis* in einen »odysseischen« Teil (Buch 1–6), der von Irrfahrten des Helden berichtet, und einen »iliadischen« Teil (Buch 7–12), in dem von einem großen Krieg erzählt wird, einteilen. Doch Vergil hat diese Vorbilder so verarbeitet, dass sie römische Denkweise und Traditionen widerspiegeln und eine speziell römische Botschaft vermitteln.

Bauelemente des Epos

Zu den Traditionen der Gattung gehören auch bestimmte Elemente, die – weil sie bei Homer vorkommen – in der gesamten Antike als typisch für das Epos galten:
- das Versmaß des daktylischen Hexameters
- ein Proömium (Einleitung), das eine Bitte an die Musen (Musenanruf) enthält
- Thematik: Helden, Götter und Krieg
- typische Szenen (z. B. Seestürme, Götterversammlungen, ein Besuch der Unterwelt, Wettkämpfe, Kampfschilderungen)
- Gleichnisse (das Geschehen wird mit Ereignissen oder Erscheinungen in anderen Bereichen – häufig der Natur und der Tierwelt – verglichen und anschaulich gemacht)
- Beschreibungen von Gegenständen und Orten (Ekphrasis)
- Kataloge (Aufzählungen über mehrere Verse hinweg)
- Beiwörter (beschreibende, oft formelhaft verwendete Adjektive)
- aitiologische Elemente (die Ursprünge von Gegebenheiten in der Welt des Dichters, z. B. die Herkunft von Völkern oder Ortsnamen, werden erklärt)
- eine neutrale Erzählhaltung

Die Vorgeschichte der *Aeneis*: Der Troianische Krieg

Die römische Aeneas-Sage gehört zum troianischen Sagenkreis, dessen zentrales Element der Troianische Krieg ist. Auslöser des Geschehens ist das berühmte Parisurteil: Paris, Sohn des troianischen Königs Priamos, der als Hirte aufwächst, wird von den drei Göttinnen Hera (Juno), Athene (Minerva) und Aphrodite (Venus) ausgewählt, um zu entscheiden, wer von ihnen die Schönste sei. Um Paris auf ihre Seite zu ziehen, verspricht Hera ihm Macht, Athene Weisheit und Aphrodite die Liebe der schönsten Frau der Welt. Paris entscheidet sich für Aphrodite und entführt nicht lange danach Helena, die Frau des Spartanerkönigs Menelaos, die als die schönste der Sterblichen gilt, nach Troia.

Daraufhin wendet sich Menelaos an seinen Bruder Agamemnon, den König von Mykene und mächtigsten Herrscher unter den Griechen. Sie verbünden sich mit einer großen Anzahl weiterer griechischer Stämme und unternehmen einen Feldzug gegen Troia, um die Rückgabe der Helena zu erzwingen. Die Troianer jedoch weigern sich, und es entbrennt ein Krieg, der zehn Jahre dauert und am Ende mithilfe einer List zugunsten der Griechen entschieden wird:

Sie bauen ein riesiges hölzernes Pferd, in dem sich einige der wichtigsten griechischen Kämpfer verstecken, und ziehen sich mit all ihren Schiffen zur Insel Tenedos zurück. Das Pferd und einen weiteren Griechen (Sinon) lassen sie am Strand vor Troia zurück. Durch Sinon werden die Troianer überzeugt, dass die Griechen ganz abgezogen seien und das Pferd als Weihegeschenk für Athene, die einen wichtigen Tempel in der Stadt besitzt, zurückgelassen hätten. Die Troianer holen das Pferd in die Stadt und feiern ein großes Fest, doch in der Nacht steigen die Griechen aus dem hölzernen Pferd, öffnen ihren Gefährten vor der Stadt die Tore und greifen Troia von innen an. Viele Troianer werden getötet, die Stadt wird zerstört, und die meisten der Frauen werden von den siegreichen Griechen als Sklavinnen verschleppt.

Doch einige Troianer entkommen der Vernichtung, unter ihnen Aeneas, der Sohn des Troianers Anchises und der Göttin Aphrodite (Venus), zusammen mit seinem Vater, seinem Sohn Ascanius und einer Reihe von Gefährten. Sie machen sich mit Schiffen auf den Weg, um eine neue Heimat zu suchen.

Vergils Vorbild: *Ilias* und *Odyssee,* die Irrfahrten des Odysseus

Die wichtigsten antiken Vorbilder für antike Epen und besonders für solche, die sich mit dem Troia-Stoff befassten, waren die griechischen Epen *Ilias* und *Odyssee*. In der *Ilias* schildert der griechische Dichter Homer einen Ausschnitt aus dem zehnjährigen Troianischen Krieg. Er handelt hauptsächlich von dem Streit zwischen Agamemnon, dem Anführer des Griechenheeres, und Achilles, dem größten Helden und wichtigsten Kämpfer der Griechen – einem Streit, der Achilles dazu bewegt, sich von den Kämpfen fernzuhalten, so dass die Griechen scheinbar in Gefahr geraten, den Krieg gegen Troia zu verlieren. Als sein enger Freund Patroklos jedoch von Hektor, dem stärksten Kämpfer der Troianer, getötet wird, stürzt Achilles sich wieder in den Kampf, um an Hektor Rache für Patroklos zu nehmen. Anschließend begeht er das Begräbnis seines Freundes mit ausgiebigen Wettkämpfen. Den Leichnam Hektors aber misshandelt er, indem er ihn an einen Wagen bindet und mehrere Tage hintereinander um das Grabmal des Patroklos herumschleift. Schließlich überbringt seine Mutter Thetis ihm den Befehl des Zeus, Hektors Leiche zur Bestattung freizugeben, wozu Achilles sich bereit erklärt. Auf Anweisung der Götter begibt sich Hektors Vater, König Priamos, alleine zu den Griechen und bittet Achilles, den Leichnam gegen kostbare Geschenke zurückzugeben, indem er an ihn appelliert, sich seinen eigenen Vater Peleus in Priamos' Lage vorzustellen. Achilles, der weiß, dass ihm ein früher Tod prophezeit ist, wird bei diesem Gedanken von Mitleid mit Priamos erfasst. Er empfängt ihn freundlich, lässt Hektors Leiche waschen, hebt sie selbst auf ein Lager und lässt Priamos in Frieden mit der Leiche seines Sohnes in die Stadt zurückkehren. Mit der Bestattung Hektors endet die *Ilias*. Der Untergang Troias dagegen wird in diesem Epos nicht erzählt.

Die Handlung der *Odyssee* spielt nach der Zerstörung Troias: Sie berichtet von der Heimkehr des griechischen Helden Odysseus und von den Abenteuern und Unglücksfällen, die er auf dieser Reise erlebt. Odysseus ist bereits in der *Ilias* ein großer Held und wichtiger Krieger der Griechen, doch seine herausragendste Eigenschaft ist nicht Tapferkeit und Kampfesstärke, sondern seine Klugheit und List, mit deren Hilfe er auch körperlich überlegene Gegner besiegt. Auch die List, mit der es den Griechen schließlich gelingt, Troia zu erobern, ist seine Idee. Auf seiner Heimreise muss Odysseus lange über das Mittelmeer irren. Immer wieder wird er am Fortkommen gehindert oder durch einen Seesturm in die falsche Richtung verschlagen, so dass er insgesamt zehn Jahre für seine Rückkehr nach Ithaka benötigt. Viele Stationen und Erlebnisse der Irrfahrten des Odysseus waren Vorbilder für die Stationen der Irrfahrten des Aeneas bei Vergil. Die bekannteste ist die Insel der Kyklopen, die auch in der *Aeneis* vorkommt (Text 10). Die Kyklopen sind einäugige Riesen, von denen einer (Polyphem) Odysseus und seine Gefährten in seine Höhle einsperrt und nacheinander zu verspeisen beginnt. Mit einer List gelingt es Odysseus schließlich, Polyphem unschädlich zu machen und mit den übriggebliebenen Gefährten zu fliehen. Nach weiteren Umwegen landet Odysseus auf der Insel der Zauberin Kirke, die seine Gefährten zunächst in Schweine verwandelt und Odysseus ein Jahr auf ihrer Insel festhält. Die *Odyssee* erzählt außerdem, ebenso wie die *Aeneis* (Text 13; 14), von einem Abstieg des Helden in die »Unterwelt« (das Totenreich). Odysseus erhält dort Ratschläge für seine Weiterfahrt und muss anschließend unter anderem an den Sirenen sowie den Seeungeheuern Skylla und Charybdis vorbeisegeln. Nach weiteren Seestürmen landet Odysseus zunächst bei der Nymphe Kalypso und schließlich bei den Phaiaken. Von ihrer Insel aus erreicht er endlich Ithaka. Dort angekommen erfährt er, dass zahlreiche adlige Männer seit Jahren als Gäste und Brautwerber in seinem Palast leben, sein ganzes Gut verprassen und Penelope dazu zwingen wollen, einen von ihnen zu heiraten. Diese jedoch hat stets an die Rückkehr des Odysseus geglaubt. Odysseus tötet schließlich all diese Männer und nimmt so seinen Platz als König von Ithaka nach zwanzig Jahren der Abwesenheit wieder ein.

Die römische Ursprungssage

Der Troia-Mythos war für die Römer besonders wichtig, weil sie ihre eigenen Ursprünge auf die Troianer zurückführten. Die Grundzüge der Aeneas-Sage sind keine Erfindung Vergils, sondern wurden schon vor seiner Zeit von römischen Geschichtsschreibern überliefert: Der Sage nach landeten Aeneas und seine Gefährten, die sich und die troianischen Penaten (Schutzgötter) aus dem untergehenden Troia retten konnten, nach einigen Irrfahrten in Italien an der Küste Latiums, der Region, in der später die Stadt Rom entstand.

Die Geschichte Latiums nach der Landung des Aeneas verläuft bei den meisten römischen Schriftstellern etwa folgendermaßen: Nach seiner Ankunft in Latium heiratet Aeneas Lavinia, die Tochter des Königs der Latiner (Einwohner von Latium), und gründet eine Stadt, die er nach ihr benennt (Lavinium). So entsteht durch die Verbindung von Troianern und Latinern ein neues Volk in Latium. Nach dem Tod des Aeneas gründet sein Sohn Ascanius (dessen Mutter Aeneas' erste Frau, die Troianerin Crëusa, war) eine neue Stadt namens Alba, die den Beinamen Longa trägt. Alba Longa wird zur mächtigsten Stadt in Latium. Von einem ihrer Könige, Numitor, stammt Romulus, der Gründer Roms, ab. Romulus und sein Zwillingsbruder Remus sind die Söhne von Rhea Silvia (der Tochter des Numitor), die auch Ilia genannt wurde, und des Kriegsgottes Mars. Nach ihrer Geburt werden sie von König Amulius, der seinen älteren Bruder Numitor vom Thron gestürzt hat, auf dem Tiber ausgesetzt, von einer Wölfin gefunden und gesäugt und schließlich von dem Hirten Faustulus entdeckt und aufgezogen. Irgendwann erfahren Romulus und Remus die Wahrheit über ihre Herkunft. Sie greifen Amulius an und stürzen ihn. Zum Dank erlaubt Numitor ihnen an der Stelle des Tibers, an der sie ausgesetzt wurden, eine neue Stadt zu gründen. Den Streit der Zwillinge darüber, wer der Stadt den Namen geben solle, entscheidet Romulus, der seinen Bruder im Verlauf dieses Streits erschlägt, für sich. So führte in der Vorstellung der Römer eine direkte Linie von den Troianern unter der Führung des Aeneas über Lavinium und Alba Longa zur Gründung Roms.

1 Recherchieren und präsentieren Sie die Einzelheiten der gängigen Sagenversionen (ggf. mit Varianten) zu folgenden Teilen des Troianischen Sagenkreises: a) das Parisurteil (mit Vorgeschichte) – b) der Raub der Helena und der Streit zwischen Troia und Menelaos) – c) der Verlauf des Troianischen Krieges (ohne die Themen d und e) – d) Ursache und Verlauf des Streits zwischen Agamemnon und Achilles bei Homer – e) Das Troianische Pferd und die Eroberung Troias. Informieren Sie sich auch über antike Autoren und Werke, die über diese Sagenausschnitte berichten.

Aeneas – ein Vorfahre des Augustus

Für die Zeit Vergils kommt eine weitere wichtige Verbindung zwischen troianischer Vergangenheit und römischer Gegenwart hinzu: Die Familie der Julier, zu denen Gaius Iulius Caesar und sein Erbe Octavius (Augustus) gehörten, führten sich in direkter Linie auf Aeneas zurück. Nach der vorherrschenden Sagentradition war dessen Sohn Ascanius, der den Beinamen Iulus trug, der Urahn des julischen Geschlechts (der Familienname Iulius lässt sich mit »von Iulus stammend« übersetzen). Schon Caesar hatte großen Wert auf die Pflege dieser Familienlegende gelegt; Augustus setzte diese Tradition fort und weitete sie aus. Die römische Ursprungssage und besonders die Abstammung der Julier von Aeneas dienten ihm nicht zuletzt zur Rechtfertigung seiner eigenen Herrschaft in Rom.

Der Stammbaum der Julier

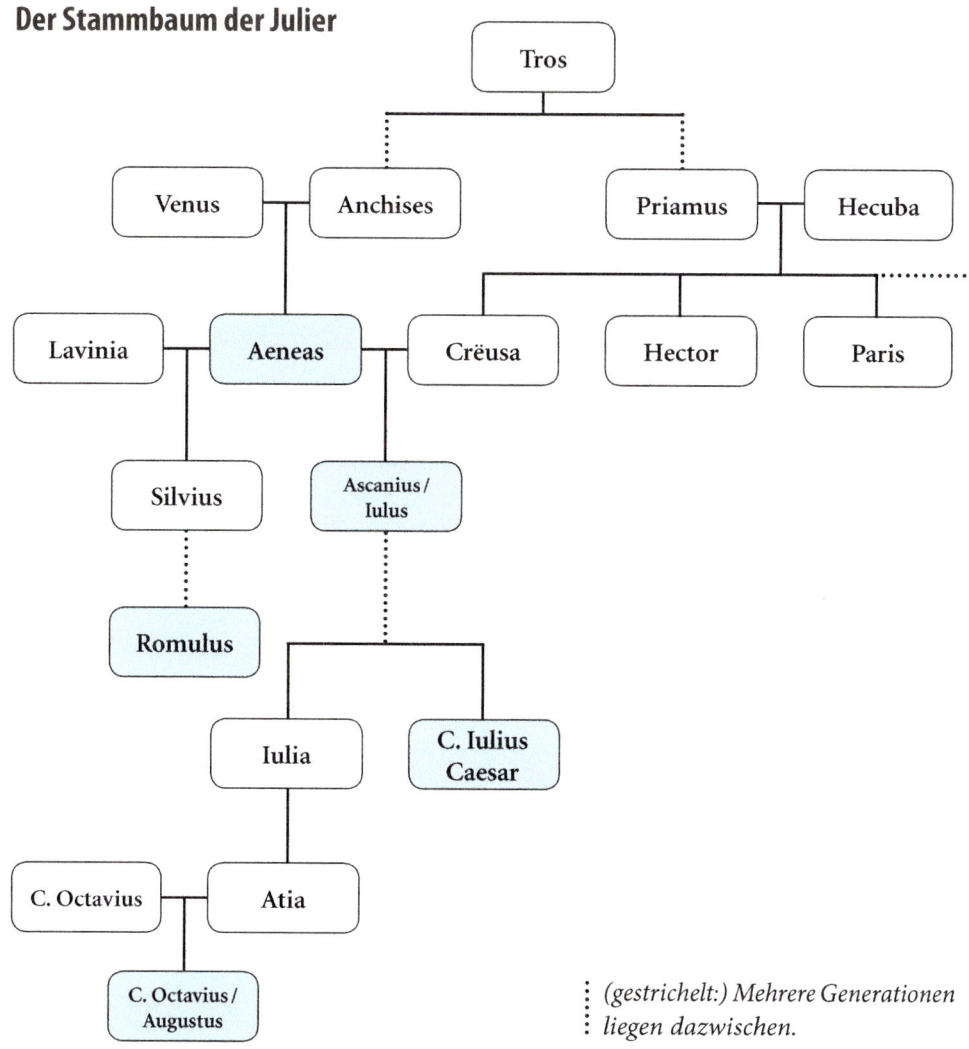

(gestrichelt:) Mehrere Generationen liegen dazwischen.

Rom zur Zeit Vergils

Bürgerkrieg und Diktatur Caesars

Das 1. Jh. v. Chr. war eine Zeit großer politischer Unruhe und Veränderungen in Rom. Die entscheidende Phase der Umwälzungen begann mit dem Bürgerkrieg zwischen C. Iulius Caesar und Cn. Pompeius. Dieser Bürgerkrieg endete im Jahr 45 v. Chr. mit dem Sieg Caesars und seiner Anhänger. Caesar trat daraufhin die Alleinherrschaft in Rom an.

Caesars Erbe C. Octavius, das Zweite Triumvirat (Informationstext)

Als er bald darauf von einigen Senatoren ermordet wurde, schien zunächst der Weg zur Wiederherstellung der Republik frei. Doch es gelang dem amtierenden Konsul M. Antonius, einem treuen Verbündeten Caesars, die Stimmung in der Stadt sehr bald gegen die Mörder Caesars zu wenden und die Machtstellung der Caesarianer zu sichern. Bald darauf kam C. Octavius, der Großneffe, Adoptivsohn und Erbe Caesars (der von diesem Zeitpunkt an den Namen C. Iulius Caesar Octavianus trug), nach Rom und machte Antonius die Rolle des Anführers der Caesarianer streitig. Gezielt baute er zu diesem Zweck die Bedeutung seiner Verbindung zu Caesar aus, indem er z. B. auf Rache an dessen Mördern drängte und offiziell bestätigen ließ, dass Caesar nach seinem Tod zum Gott erhoben worden sei. Auf dem Forum Romanum wurde ein Tempel für Caesar erbaut, und Octavianus gab sich den Beinamen *Divi Filius*.

Nach einigen (auch kriegerischen) Auseinandersetzungen schlossen Octavianus und Antonius ein Bündnis, das als das 2. Triumvirat (»Dreimännerherrschaft«) bekannt ist. Es machte C. Octavianus, M. Antonius und M. Aemilius Lepidus zu den obersten Herrschern des Staates, wobei jedem ein Teil des römischen Imperiums als eigener Herrschaftsbereich übertragen wurde: Octavian erhielt den Westen, Antonius den Osten, und Lepidus die afrikanischen Provinzen, die er jedoch nach einem Konflikt mit Octavianus an diesen abtreten musste.

Antonius und Kleopatra (Informationstext)

Antonius und Octavianus versuchten in den folgenden Jahren, ihre Macht in ihrem jeweiligen Herrschaftsbereich zu festigen. Antonius verbündete sich zu diesem Zweck mit *Kleopatra*, der Königin Ägyptens. Jedoch stieß er die Bürger Roms und auch Octavianus selbst vor den Kopf, als er Kleopatra heiratete und sich dafür von Octavia, der Schwester des Octavianus, scheiden ließ. Viele Nachrichten über diese Beziehung und das Verhalten des Antonius gelangten nach Rom, die den Verdacht schürten, dass Antonius' Politik nicht mehr den Traditionen und Interessen Roms entsprach: Zwei seiner Kinder mit Kleopatra wurden nach dem Sonnengott bzw. der Mondgöttin benannt; Kleopatra wurde der Titel »Königin der Könige« verliehen; das Paar führte ein prunkvolles Leben nach orientalischer

Art. Eine prunkvolle und ausschweifende Lebensweise, die Herrschaft einer Frau und das orientalische »Gottkönigtum« waren den Römern schon immer suspekt gewesen. Sie wurden als Zeichen von Schwäche und Dekadenz, als Bedrohung für die römische Lebensart und damit auch für die römische Macht angesehen. Außerdem soll Antonius in seinem Testament bestimmt haben, dass seine Kinder mit Kleopatra nach seinem Tod Könige über Länder würden, die unter römischer Herrschaft standen. In Rom entstand der Eindruck, Antonius sei seiner orientalischen oder zumindest orientalisierten Frau hörig und dabei, Rom an sie zu verraten.

Rom erklärte schließlich im Jahr 32 v. Chr. Ägypten den Krieg. So führte man ebenfalls Krieg gegen Antonius, der mit Kleopatra verbündet war und zum Staatsfeind erklärt wurde, ohne dass man sich dem Vorwurf aussetzen musste, einen weiteren Bürgerkrieg zu beginnen. Der Krieg gegen Antonius und Kleopatra wurde in Rom stets als Krieg gegen einen auswärtigen Feind (Ägypten) dargestellt. Der Konflikt endete mit einem Sieg des Octavianus in der Schlacht von Actium (31 v. Chr.). Antonius und Kleopatra nahmen sich das Leben, und Ägypten wurde zur römischen Provinz.

Der Augusteische Friede *(Pax Augusta)*

In der Folgezeit sicherte Octavianus, dem der Ehrenname »Augustus« (der Erhabene) verliehen wurde, seine eigene politische Position. Offiziell stellte er die Republik mit ihren alten Ämtern und Zuständigkeiten wieder her, doch ließ er sich selbst nach und nach diverse Amtsvollmachten übertragen, die ihm die Alleinherrschaft sicherten. Somit markiert die Herrschaft des Augustus das endgültige Ende der römischen Republik und den Beginn der Kaiserzeit. Er ergänzte seine »Wiederherstellungs«-Politik durch die Erneuerung zahlreicher Tempel und Kulte und den Erlass diverser Sittengesetze, die die Römer zu ihren alten Tugenden und Werten und damit zu alter Stärke zurückführen sollten. Diese Politik und die Erfahrungen der Bürgerkriege führten dazu, dass die Alleinherrschaft des Augustus von einem Großteil der Römer akzeptiert wurde. Nach einer so langen Zeit der politischen Unruhen und Bürgerkriege sehnten sich die Römer nach Frieden und innerer Ruhe. Als äußeres Zeichen dafür, dass die Friedenszeit, als *Pax Augusta* (Augusteischer Friede) bekannt, nun angebrochen war, schloss Augustus die Tore am Janustempel in Rom, was traditionell nur geschah, wenn im gesamten Reich Frieden herrschte. Im Jahr 13 v. Chr. beschloss der Senat, zu Ehren des Augustus die *Ara Pacis Augustae* (»Altar des Augusteischen Friedens«) zu errichten, ein Monument, das man seit 1938 wieder in Rom – wenn auch nicht am Originalstandort – besichtigen kann (Bild S. 21). Die Darstellungen der Reliefs stellen römische Religion und *pietas* dar und weisen auf den durch die Siege des Augustus errungenen Frieden und Wohlstand hin.

Römische Wertvorstellungen

Pietas/pius

Pietas (pietas, pietatis f.) ist ein lateinischer Begriff, den man je nach Zusammenhang auf verschiedene Arten übersetzen kann bzw. muss. Zugleich ist er in antiken römischen Texten ein besonders wichtiger Begriff, weil die Römer *pietas* als ihre herausragende Eigenschaft ansahen, durch die sie sich von allen anderen Völkern abhoben.

Allgemein gesprochen bezeichnete *pietas* im alten Rom das ethisch richtige Verhalten gegenüber den Menschen, den Göttern und dem Vaterland. *Pius* (Adjektiv) war der, der die Verpflichtungen, die sich aus seinen Beziehungen zu Verwandten, Ehegatten, Mitbürgern und Göttern ergaben, kannte und sich entsprechend verhielt.

Die *pietas* hatte also einen familär-sozialen, einen politischen und einen religiösen Aspekt, wobei die Religion auch die Basis für die römische Sichtweise der Beziehungen im familiären und politischen Bereich bildete. Die beiden wichtigsten Bereiche der *pietas* waren die *pietas erga deos* (richtiges Verhalten gegenüber den Göttern) und die *pietas erga parentes* (richtiges Verhalten gegenüber den Eltern), doch letztlich waren alle Mitglieder einer Familie oder des Staates verpflichtet, sich zueinander nach den Forderungen der *pietas* zu verhalten. So forderte die *pietas* unter anderem, dass man den eigenen Eltern treu, gehorsam und dankbar war, dass man die eigenen Kinder liebte und für sie sorgte, dass die Menschen die Götter nach den vorgeschriebenen Riten verehrten und dass die Götter den Menschen ihre guten Taten (d.h. vor allem die Taten der *pietas*) vergalten. Auch die Wahrung der von den Vorfahren überlieferten Tradition gehörte zur *pietas*. Verachtung der Götter, schlechte Behandlung der Eltern, Kinder, Geschwister usw. sowie Untreue gegenüber dem Staat (oder seit Augustus: gegenüber dem Herrscher) waren dementsprechend Ausdruck von *impietas* (Adjektiv: *impius*).

Je nach Kontext kann *pietas* daher z.B. mit »Frömmigkeit«, »Kindesliebe« oder »Kindestreue«, »Fürsorge« oder »Pflichtbewusstsein« übersetzt werden. Weil aber kein deutsches Wort der komplexen Bedeutung des lateinischen Begriffs wirklich gerecht wird und an vielen Textstellen auch mehr als ein Aspekt der *pietas* gemeint sein kann, ist es sogar möglich, das lateinische Wort unübersetzt im deutschen Text stehen zu lassen, wenn man davon ausgehen kann, dass der Leser mit dem römischen Verständnis des Begriffs vertraut ist.

Virtus

Virtus (virtus, virtutis f.) hat, wie *pietas*, verschiedene Bedeutungsaspekte.

Zunächst bezeichnet *virtus* die »Mannhaftigkeit« (von *vir*), die sich vor allem durch Kampfkraft und Tapferkeit im Krieg äußert.

Daneben bedeutet *virtus* aber auch »Leistung(skraft)« in einem allgemeineren Sinn und kann eine Vielzahl von guten Charaktereigenschaften bezeichnen. Im Plural verwendet sind *virtutes* dann die »Tugenden«, z.B. (je nach philosophischer Ausrichtung) Tapferkeit,

Weisheit, Selbstbeherrschung, Gerechtigkeit, Wahrhaftigkeit, Großzügigkeit, Zuverlässigkeit *(fides)* und *pietas*.

Fides

Fides (fides, fidei f.) ist die Treue, besonders die Zuverlässigkeit bei einmal eingegangenen Verpflichtungen. Sie ist die Gesinnung, die Menschen veranlasst, sich an einmal gegebene Versprechen zu halten. Die *fides* ist somit die Grundlage des gegenseitigen Vertrauens zweier Parteien in einer besonderen Beziehung (z. B. zwischen *patronus* und *cliens*) oder einem Bündnis.

Iustitia

Iustitia bezeichnet die Gerechtigkeit, vor allem im Sinne der Übereinstimmung mit geltenden Normen und Rechtsvorstellungen. Die Gesinnung der *iustitia* gewährt jedem Mitglied einer Gesellschaft das ihm Zustehende und schützt es vor Übervorteilung und Schädigung durch andere. Sie ist somit eine wichtige Herrschertugend, da es insbesondere die Aufgabe des Staates war, entsprechende Gesetze aufzustellen und Verstöße zu bestrafen. *Iustus* (gerecht) war im alten Rom daher einerseits derjenige, dessen Handeln auf der Grundlage des geltenden Rechts *(ius)* stand, und andererseits derjenige, der sich von dem allgemeinen ethischen Prinzip, jedem das Seine *(suum cuique)* zu gewähren, leiten ließ.

Clementia

Clementia bedeutet »Freundlichkeit«, »Güte«, »Milde« und bezeichnet grundsätzlich die freiwillige Beschränkung der eigenen Macht über andere. Sie zeigt sich vor allem darin, dass man begangenes Unrecht verzeiht und darauf verzichtet, Vergehen zu bestrafen, obwohl man das Recht dazu hätte, oder darin, dass man besiegte Feinde schont und begnadigt statt sich an ihnen zu rächen. Voraussetzung dafür ist in der Regel, dass der Schuldige oder Besiegte seine Schuld bzw. die Macht des Anderen anerkennt.

Clementia ist also eine Gesinnung, die ein Mächtiger gegenüber einem Schwächeren zeigen kann; daher galt sie in Rom ebenfalls als wichtige Herrschertugend.

Metrik

Silben im lateinischen Vers

In der griechischen und lateinischen Dichtung werden Versmaße nicht durch eine bestimmte Abfolge von betonten und unbetonten, sondern von **langen (–) und kurzen Silben (ᴗ)** gebildet. Um einen Vers zu analysieren, kann man deshalb nicht nach der Wortbetonung gehen, sondern muss wissen, welche Silben lang und welche kurz sind. Jede Silbe enthält im Kern einen Vokal oder Diphthong. In der Regel entspricht daher die Anzahl der Silben der Anzahl der Vokale und Diphthonge in einem Wort.

Wichtige Ausnahme: i vor Vokal, das wie j gesprochen wird (z. B. in *Iulius*), zählt als Konsonant (aber der Name *Iulus* wird dreisilbig gezählt: *Ĭūlŭs!*).

Eine Silbe ist lang,
- wenn sie einen Vokal enthält, der von Natur aus lang ist (ā, ē, ī, ō, ū oder Diphthong: ae, ai, au, eu, oe, oi).
- wenn sie einen Vokal enthält, auf den mehr als ein Konsonant folgt. Eine solche Silbe ist dann »positionslang«. Dabei gelten **x** und **z** als zwei Konsonanten (gesprochen: »cs« bzw. »ds«); **qu** ist dagegen nur ein Konsonant. Ein **h** zählt nicht als Konsonant. Für die Positionslänge zählen auch Anfangskonsonanten eines folgenden Wortes mit.
  Ausnahme: Die Kombination einer Muta (b, p, d, t, g, c) mit folgender Liquida (l, r) bewirkt meistens keine Positionslänge.

Beispiele: *vĕntŭs, gēns, ĕquŭs, tĕrră, căpĭō, vĭx, ăltŭs, dīcĕrĕ, tĕnērĕ, ămārĕ, pătrēs*
Das e in *ventus* und *terra*, das i in *vix* und das a in *altus* sind von Natur kurz, die Silbe wird aber im Vers lang gezählt. Bei *altus* ist die Konsonantenkombination *(lt)* ›Liquida mit Muta‹, nicht ›Muta mit Liquida‹!

Sonderregel: Ein naturlanger Vokal, der unmittelbar vor einem anderen Vokal steht, wird meistens gekürzt (z. B. *movēre → movĕo*).

Silbenschwund

Manchmal zählen Vokale aber nicht als Silbe und müssen vor der eigentlichen Analyse des Verses »gestrichen« werden. Das ist der Fall, wenn ein Wort auf einem Vokal oder auf -m endet und das folgende Wort mit Vokal oder h beginnt. Ein solches Aufeinandertreffen von Vokalen an der Wortgrenze macht einen neuen Stimmeinsatz mit offenstehendem Mund erforderlich (Hiat), was als unschön galt. Um einen Hiat zu vermeiden, wurde ursprünglich die letzte Silbe des einen Wortes mit der ersten Silbe des nächsten Wortes verschliffen; später wurde einfach eine der Silben unterdrückt (nicht gesprochen). Hier gibt es zwei Möglichkeiten:

1. **Elision:** Meistens wird der auslautende Vokal (oder der Vokal mit -m; z. B. bei *-um*, *-am*) des ersten Wortes unterdrückt: *Troian̄o a sanguine; mult~um~ ille*

2. **Aphärese:** Nur wenn das zweite der beiden Wörter *es* oder *est* ist, wird der Anfangsvokal dieses Wortes unterdrückt: *fabricata ͜est*

Der daktylische Hexameter

Ein daktylischer Hexameter besteht aus sechs Versfüßen, fünf vollständigen Daktylen (**Daktylus**: —◡◡; eine lange und zwei kurze Silben) und einem unvollständigen Daktylus bzw. Spondeus, wobei die letzte Silbe lang oder kurz sein kann (⌣̄). Die zwei Kürzen im Daktylus können durch eine lange Silbe ersetzt werden, sodass sich ein **Spondeus** (— —) ergibt:

—◡◡ | —◡◡ | —◡◡ | —◡◡ | —◡◡ | —⌣̄

— ◡ ◡ | — ◡ ◡ | — — | — — | — ◡ ◡ | — —

Beispiel: *Arma virumque cano, Troiae qui primus ab oris*   (1, 1)

Je mehr Kürzen ein Vers enthält, desto schneller und leichter wirkt er; ein Vers mit vielen Spondeen wirkt langsamer, ernster oder feierlicher. Im fünften Metrum erscheint selten ein Spondeus. Wenn es doch geschieht, ist das besonders auffällig. Einen solchen Vers nennt man **versus spondiacus**.

TIPP für die Analyse

Die Möglichkeit, einen Daktylus durch einen Spondeus zu ersetzen, führt dazu, dass die Silbenzahl des Hexameters variiert. Um einen Vers metrisch zu analysieren, geht man deshalb am besten wie folgt vor:
1. Feststellen, ob es Elisionen oder Aphäresen gibt (ob also bestimmte Vokale gar nicht als Silbe gezählt werden).
2. Erste Silbe und Schluss des Verses kennzeichnen: Die erste Silbe ist lang; das Ende des Hexameters ist fast immer: —◡◡ | —⌣̄.
3. Alle sonstigen Silben, von denen man weiß, dass sie lang oder kurz sind, entsprechend kennzeichnen (vor allem: nach Positionslängen suchen!).
4. Jetzt ergeben sich die Quantitäten (Längen oder Kürzen) der übrigen Silben meist zwangsläufig durch das Versschema. Falls nicht, muss man das Wörterbuch zur Bestimmung weiterer Naturlängen und -kürzen heranziehen.

Die Sprache der *Aeneis*

Die Sprache in der Dichtung unterscheidet sich in einigen Bereichen von der Sprache in Prosatexten. Es gibt z. B. spezielle Formen, die nur in der Dichtung vorkommen, und Abweichungen im Kasusgebrauch oder im Satzbau. Die wichtigsten Besonderheiten sind:

1. Wortgebrauch

- **B1** Wörter bezeichnen öfter Ursache oder Effekt ihrer Hauptbedeutung(en) (z. B. 7,538: *metus* = schreckliche Vorstellung, Schreckbild; 7,441: *arma* = Getöse von Waffen). Das ist auch im Prosa-Sprachgebrauch möglich, ist in der Dichtung aber sehr viel häufiger.
- **B2** *fata* (n. Pl.): bedeutet oft »Tod« (aber auch Schicksal und Schicksalssprüche)
- **B3** Personifikation von abstrakten Begriffen als Gottheiten (z. B. 1,292: *Fides*)

2. Formen

- **B4** Endung *-um* statt *-orum* beim Genitiv Plural der o-Deklination (z. B. *deum, superum* statt *deorum, superorum*)
- **B5** Endung *-ēre* statt *-ērunt* in der 3. Person Plural Indikativ Perfekt Aktiv (z. B. 1,12: *tenuēre* statt *tenuērunt*)
- **B6** In **Perfekt Passiv**-Formen fehlt häufig *est* oder *sunt* (z. B. 1,81: *haec ubi dicta*).
- **B7** *-īs* erscheint häufig als **Akkusativ-Plural**-Endung in der gemischten Deklination (auch bei Adjektiven der i-Deklination)
- **B8** **Tmesis:** Trennung von Präfix und Simplex bei Komposita (z. B. 2,218 f.: *circum … dare* statt *circumdare*).
- **B9** griechischer **Akkusativ Singular** auf *-n* und *-a* bei Namen (z. B. 1,260: *Aenean*)
- **B10** Gebrauch des **Plurals,** wo wir einen Singular erwarten würden; häufig auch bei abstrakten Substantiven (z. B. 2,36: *dona*; 1,25: *irae, dolores*)

3. Kasusgebrauch und Satzbau

- **B11** **Hyperbaton** (Plural: Hyperbata): Trennung des Adjektivattributs von seinem Beziehungswort, sodass oft mehrere Wörter dazwischen stehen. Häufig (aber nicht immer) steht eines der beiden Wörter (meist das Adjektiv) am Versende, das andere (meist das Beziehungswort) etwa in der Mitte. Beispiele:

    1,93: *ingemit, et duplicis tendens ad sidera palmas*
    (*duplicis palmas* (Akk. Pl.): beide Hände)

    1,295: *saeva sedens super arma, et centum vinctus aenis*
    (*saeva arma* (Akk. Pl.): grausame Waffen)

B12 Die Konjunktion oder das Relativpronomen steht häufig nicht am Beginn des (Neben-)Satzes, sondern weiter hinten (z. B. 1,2: *Troiae qui primus ab oris … venit* = der als Erster von den Küsten Troias … kam; 2,223 f.: *fugit cum saucius aram / taurus* = wenn der Stier verwundet vom Altar flieht).

B13 Ein Relativsatz steht vor seinem Beziehungswort (z. B. 11,164 f.: *quas / iunximus hospitio, dextras* = die (rechten) Hände, die wir in Gastfreundschaft verbunden haben).

B14 Ablativus loci ohne *in* (z. B. 6,575: *vestibulo sedeat*)

B15 Accusativus Graecus: Akkusativ der Beziehung (z. B. 2,221: *perfusus sanie vittas* = an den Kopfbinden mit Geifer überströmt)

TIPPS für das Übersetzen

- Früh die Bezüge der Adjektive markieren – am besten gleich nach der Bestimmung von Satzstruktur, Prädikat(en), Subjekt(en)
- Konjunktionen und Relativpronomina markieren und einen Pfeil zum Anfang des (Neben-)Satzes zeichnen (dorthin, wo sie »normalerweise« stehen würden)
- Bei Bedarf die Metrik zur Unterscheidung von Kasusformen nutzen:

    z. B. kurzes -$\breve{a}$ im Nom.   langes -$\bar{a}$ im Abl.
          kurzes -$\breve{u}s$ im Nom. Sg. m.   langes -$\bar{u}s$ in anderen Formen der u-Dekl.
          kurzes -$\breve{i}s$ im Genitiv Sing.   langes -$\bar{i}s$ im Akk. Plural (gemischte Dekl.), Dat. und Abl. Pl. (a-/o-Dekl.)

→ Vers metrisch analysieren, um zu entscheiden, ob ein -us, -a oder -is lang oder kurz ist!

Ara Pacis Augustae

Die *Aeneis*: Chronologische Übersicht über die Handlung

Die Ereignisse von Buch 2–3 werden von Aeneas am Hof der Königin Dido in einem Rückblick erzählt.

Troia: Eroberung und Zerstörung durch die Griechen, Flucht des Aeneas mit seinem Vater Anchises und seinem Sohn Ascanius.	**Buch 2**
Aufbruch vom Ida nach Thrakien (Aenea) – Ortygia (Delos) – vorbei an den Kykladen – Kreta: Aeneas erfährt, dass er nach Italien fahren soll.	**Buch 3**
Strophaden (Ungeheuer: Harpyien) – vorbei an Zakynthos, Ithaka, Leukas – Actium (Spiele) – Buthrotum.	**Buch 3**
Sie umsegeln die griechischen Städte im Süden Italiens (Tarent), die Charybdis verschlägt sie an den Strand der Kyklopen, sie umfahren die griechisch besiedelte Küste Siziliens (Pachynum, Camerina, Gela, Akragas) und landen auf der Westseite der Insel (Drepanum): Anchises stirbt und wird auf Sizilien begraben, Abfahrt der Troianer in Richtung Italien.	**Buch 3**
Seesturm: Die Troianer werden an die libysche Küste verschlagen (Karthago) und von Königin Dido als Gäste aufgenommen.	**Buch 1**
Dido und Aeneas.	**Buch 4**
Abfahrt der Troianer von Karthago: Ein Sturm verschlägt sie zurück nach Sizilien (Eryx, Acesta); Aeneas begeht den Jahrestag des Todes seines Vaters mit einem Opfer und Wettkämpfen.	**Buch 5**
Fahrt nach Italien: Cumae – Avernersee – Unterwelt.	**Buch 6**
Fahrt auf dem Tiber nach Laurentum (Latium, König Latinus) – Ausbruch der Kämpfe zwischen Turnus und Aeneas.	**Buch 7**
Die Troianer kommen nach Pallanteum: Bündnis mit König Euander.	**Buch 8**
Krieg in Latium.	**Buch 9–12**

Vergilspezifische Könnensstandards

Die folgende Zusammenstellung von Könnensstandards bezieht sich vorrangig auf die fachlichen Kenntnisse, Fähigkeiten und Fertigkeiten, über die Sie nach der Vergillektüre verfügen sollen.

Sprache: Ich kann ...

- Besonderheiten der Dichtersprache (z. B. Sonderformen, Abweichungen von der Wortstellung in Prosatexten) identifizieren und übersetzen,
- Verse im daktylischen Hexameter metrisch analysieren und richtig vortragen.

Text: Ich kann ...

- wesentliche Gedanken des Textes unter Nennung wichtiger lateinischer Begriffe komprimiert und strukturiert wiedergeben,
- Merkmale der Dichtersprache (z. B. Umschreibungen, Sonderformen, Abweichungen von der Wortstellung in Prosatexten) und der gehobenen Sprache herausarbeiten,
- Texte auf Techniken der Dramatisierung und Personencharakterisierung untersuchen,
- anhand von sprachlich-stilistischen Mitteln herausarbeiten und darstellen, wie Vergil die Aussagen des Textes unterstreicht,
- die Erzählperspektive, Erzählhaltung und erzählerische Darstellungsform (objektiv-neutral oder subjektiv-emotional) eines Textes herausarbeiten,
- die intendierte Lesersteuerung in einem Text untersuchen,
- die Liebe zwischen Dido und Aeneas als tragischen Konflikt herausarbeiten,
- verschiedene Deutungen der *Aeneis* am Text erläutern.

Kultur: Ich kann ...

- den troianischen Sagenkreis in Grundzügen darstellen,
- die Aeneassage als Ursprungssage des römischen Volkes darstellen,
- Bauelemente des Epos benennen,
- Aufbau und Inhalt der *Aeneis* in Grundzügen benennen,
- augusteische Wertvorstellungen (z. B. *pietas, virtus*) herausarbeiten und diese deuten,
- die Rolle der *Aeneis* als mythologische Herleitung und Bestätigung des augusteischen Staates darlegen.

Aeneas: Mission mit Hindernissen

1. Aeneas – ein zweiter Odysseus? (Aen. 1, 1–33) (A)

Der Anfang der Aeneis: Der Erzähler stellt das Epos und seinen Helden vor.

Arma virumque cano[1], Troiae qui primus ab oris
2 Italiam, fato profugus[2], Laviniaque venit
   litora; multum ille et terris iactatus[3] et alto
4 vi superum[4] saevae memorem Iunonis ob iram;
   multa quoque et bello passus[5], dum conderet urbem,
6 inferretque deos Latio, genus[6] unde Latinum
   Albanique patres atque altae moenia Romae.
8 Musa, mihi causas memora, quo[7] numine laeso
   quidve dolens regina deum[8] tot volvere[9] casus
10 insignem[10] pietate[11] virum, tot adire labores
   impulerit. Tantaene animis caelestibus[12] irae?

12   Urbs antiqua fuit, Tyrii tenuere[13] coloni[14],
   Karthago, Italiam contra Tiberinaque[15] longe
14 ostia[16], dives opum studiisque asperrima belli.
   Quam[17] Iuno fertur terris magis omnibus unam
16 posthabita[18] coluisse Samo. Hic illius arma,
   hic currus fuit; hoc regnum[19] dea[20] gentibus esse,
18 si qua fata sinant, iam tum tenditque fovetque[21].
   Progeniem[22] sed enim Troiano a sanguine duci
20 audierat[23], Tyrias olim[24] quae verteret arces,
   hinc populum late regem[25] belloque superbum
22 venturum[26] excidio[27] Libyae, sic volvere[28] Parcas.
   Id metuens[29], veterisque memor Saturnia belli,
24 prima quod ad Troiam pro caris gesserat Argis –
   necdum[30] etiam causae irarum saevique dolores
26 exciderant[31] animo: Manet alta mente repostum[32]
   iudicium Paridis spretaeque[33] iniuria formae,

1 canere: (be)singen – 2 profugus: flüchtig; fliehend – 3 iactātus: ergänze est – 4 superum: *Genitiv Pl.* (↗ S. 20 B4) – 5 passus: *erg.* est
6 genus unde …: *erg. e. Prädikat* (z. B. »stammt; hervorging«)
7 quō nūmine laesō: *etwa* »welcher göttliche Wille verletzt war« – 8 deum: *Genitiv Pl.* (↗ S. 20 B4) – 9 volvere: *(hier)* immer wieder erleben – 10 īnsīgnis, e: hervorragend – 11 pietāte: ↗ S. 16 – 12 caelestis, e: himmlisch

13 tenuēre = tenuērunt (↗ S. 20 B5) – 14 colōnus: Siedler
15 Tiberīnus: des Tiber
16 ōstium: Mündung – 17 quam Iūnō fertur: *übers.* »Juno hat diese, wie berichtet wird« – 18 posthabitā Samō: unter Vernachlässigung von Samos – 19 regnum gentibus: Herrschaft über die Völker – 20 dea: *Subjekt zu* tenditque fovetque – 21 fovēre: fördern
22 prōgeniēs, ēī *f.*: Nachkommen(schaft) – 23 audīerat = audīverat – 24 ōlim: einst
25 rēgem: »herrschend«
26 ventūrum: *erg.* esse
27 excidium: Untergang
28 volvere: *(hier)* bestimmen
29 metuēns … memor: *in der Übers. zu Prädikaten machen*
30 necdum etiam: noch immer nicht – 31 excidere, excidō, excidī: entfallen – 32 repostum (v. repōnere): aufbewahrt
33 spernere, spernō, sprēvī, sprētum: verschmähen

28 et genus invisum³⁴, et rapti Ganymedis honores.

His accensa super³⁵ iactatos aequore toto

30 Troas, reliquias³⁶ Danaum³⁷ atque immitis³⁸ Achilli,

arcebat³⁹ longe Latio, multosque per annos

32 errabant, acti fatis, maria omnia circum.

Tantae molis⁴⁰ erat⁴¹ Romanam condere gentem!

34 invīsus: verhasst – **35 super:** noch dazu – **36 reliquiae,** ārum *f.:* die Übriggelassenen
37 Danaum: *Genitiv Pl.* (S. 20 B4) – **38 immītis, e:** hart; grausam – **39 arcēre:** fernhalten
40 mōlēs, is *f.:* Mühe – **41 erat** *m. Gen.:* es kostete …

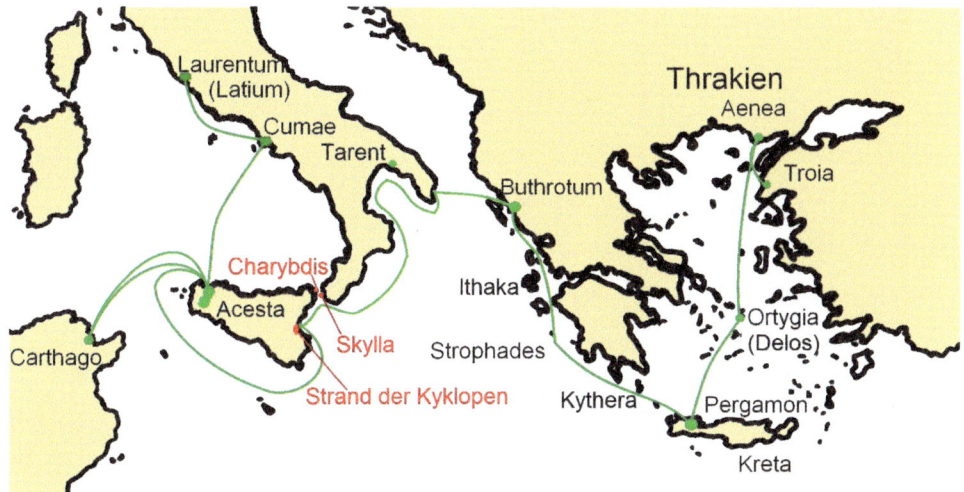

Karte: Die Irrfahrten des Aeneas¹

1 Gliedern Sie den Text in Abschnitte und fassen Sie deren Inhalt zusammen.
2 Legen Sie dar, wie Aeneas in diesem Textabschnitt charakterisiert wird. Zitieren Sie lateinisch.
3 Erläutern Sie ausgehend von diesem Proömium zur *Aeneis* die Rolle des *fatum* in der Aeneas-Sage. Ziehen Sie dafür vor allem die Verse 2, 17–22 und 32 in Betracht.
4 Fassen Sie das Grundwissen zur Figur des Odysseus in Homers *Odyssee* stichpunktartig zusammen (vgl. S. 11 f.).
5 Recherchieren Sie, was Odysseus an den auf S. 11 f. erwähnten Irrfahrtenstationen erlebt und präsentieren Sie Ihre Ergebnisse.
6 Stellen Sie auf der Basis dieses Proömiums und der Karte zu den Irrfahrten des Aeneas Gemeinsamkeiten und Unterschiede zwischen Aeneas und Odysseus fest.
7 Beschreiben Sie Ihren ersten Eindruck von Aeneas: Entspricht er Ihrer Vorstellung von einem Helden? Berücksichtigen Sie bei der Erörterung dieser Frage Eigenschaften von Helden aus Ihnen bekannter Literatur oder Filmen.

---

1 Natürlich existierten viele Orte, an denen Aeneas auf seiner Irrfahrt landete, nicht in der Realität. Diese Karte zeigt, wo man diese in der Antike traditionell vermutete.

Aeneas: Mission mit Hindernissen

2. Die Troianer in Seenot (Aen. 1, 76–107) (A)

Nach längeren Irrfahrten war Aeneas zuletzt auf Sizilien, wo er seinen Vater Anchises begraben musste. Nun segelt er in Richtung Italien, weil er dort eine neue Heimat gründen soll. Doch Juno will das verhindern und beauftragt Aeolus, den Hüter der Winde, die troianische Flotte durch einen Sturm zu vernichten.

76 Aeolus haec contra: »Tuus, o regina, quid optes,
explorare[1] labor[2]; mihi iussa capessere[3] fas[4] est.
78 Tu mihi, quodcumque[5] hoc regni, tu sceptra[6] Iovemque
concilias[7], tu das epulis[8] accumbere divum,
80 nimborumque[9] facis tempestatumque potentem.«
Haec ubi dicta, cavum[10] conversa cuspide[11] montem[12]
82 impulit in latus. Ac venti, velut agmine facto,
qua[13] data porta, ruunt et terras turbine[14] perflant[15]
84 Incubuere[16] mari, totumque a sedibus imis[17]
una Eurusque Notusque ruunt creberque procellis[18]
86 Africus, et vastos volvunt ad litora fluctus.
Insequitur clamorque virum stridorque[19] rudentum[20].

88 Eripiunt subito nubes[21] caelumque diemque
Teucrorum ex oculis; ponto nox incubat[22] atra.
90 Intonuere[23] poli[24], et crebris micat[25] ignibus aether[26],
praesentemque viris intentant[27] omnia mortem.
92 Extemplo[28] Aeneae solvuntur frigore[29] membra:
Ingemit[30], et duplicis[31] tendens ad sidera palmas[32]
94 talia voce refert: »O terque[33] quaterque[34] beati,
quis[35] ante ora patrum Troiae sub moenibus altis
96 contigit oppetere[36]! O Danaum fortissime gentis
Tydide! Mene[37] Iliacis occumbere campis
98 non potuisse tuaque animam hanc effundere[38] dextra,
saevus[39] ubi Aeacidae telo iacet Hector, ubi ingens
100 Sarpedon, ubi tot Simois correpta sub undis
scuta[40] virum[41] galeasque[42] et fortia corpora volvit!«

1 explōrāre: untersuchen; ermitteln – **2 labor:** *(hier)* Aufgabe – **3 capessere:** eifrig annehmen – **4 fās:** heilige Pflicht – **5 quodcumque hoc rēgnī:** dieses bescheidene Reich – **6 scēptrum:** Zepter; Herrschaft – **7 conciliāre:** verschaffen; günstig stimmen – **8 epulīs accumbere dīvum:** bei den Gastmahlen der Götter liegen – **9 nimbus:** Regen – **10 cavus:** hohl – **11 cuspis,** idis *f.*: Lanze – **12 montem:** *Aeolus hielt die Winde in einer Felsenhöhle fest* – **13 quā:** wo – **14 turbō,** inis *m.*: Sturmwind – **15 perflāre:** durch *etw.* wehen – **16 incubuēre:** sie warfen sich auf – **17 īmus:** der unterste – **18 procella:** Sturm – **19 strīdor,** ōris *m.*: Knarren – **20 rudēns,** ntis *m.*: Schiffstau

21 nūbēs, is *f.*: Wolke – **22 incubāre:** sich legen/liegen (auf) – **23 intonuēre:** sie dröhnten – **24 polus:** Pol; Himmelsgewölbe – **25 micāre:** zucken – **26 aethēr:** Himmel – **27 intentāre:** androhen – **28 extemplō:** sogleich – **29 frīgor,** ōris *m.*: Kälte – **30 ingemere:** seufzen – **31 duplicīs** *(Akk. Pl.)*: beide – **32 palma:** Hand(-fläche) – **33 ter:** dreimal – **34 quater:** viermal – **35 quīs** = quibus – **36 oppetere:** *(hier)* sterben – **37 mēne … potuisse:** AcI des Ausrufs: »(Ach,) dass ich …!« – **38 effundere:** ausströmen lassen – **39 saevus ubī:** S. 21 B12 – **40 scūtum:** Schild – **41 virum** = virorum (S. 20 B4) – **42 galea:** Helm

102 Talia iactanti⁴³ stridens⁴⁴ Aquilone procella¹⁸

velum⁴⁵ adversa ferit⁴⁶ fluctusque ad sidera tollit.

104 Franguntur remi⁴⁷; tum prora⁴⁸ avertit⁴⁹ et undis

dat latus; insequitur cumulo⁵⁰ praeruptus aquae mons.

106 Hi summo in fluctu pendent⁵¹; his unda dehiscens⁵²

terram inter fluctus aperit; furit⁵³ aestus⁵⁴ harenis.

43 iactāre: vorbringen
44 strīdēre: pfeifen – **45 vēlum:** Segel – **46 ferīre:** schlagen
47 rēmus: Ruder – **48 prōra:** Vorderteil; Bug – **49 āvertere:** (sich) wegdrehen – **50 cumulō:** mit seiner Masse – **51 pendēre:** hängen – **52 dehīscere:** aufklaffen – **53 furere:** wüten
54 aestus: Brandung

1. Sammeln Sie alle lateinischen Substantive, die hier für (a) Meer und (b) Wind stehen. Welche weiteren Bedeutungen hat jedes dieser Wörter, und welchen Aspekt des Meeres bzw. Windes hebt es somit hervor?
2. Untersuchen Sie die Stilmittel in V. 81–107 und zeigen Sie, wie diese den Inhalt der Textpassage unterstützen.
3. Erklären Sie, wodurch die dramatische Wirkung dieser Szene erzielt wird.
4. Vergleichen Sie die Schilderung des Seesturms mit dem folgenden Bild, das einer alten Handschrift (5. Jh. n. Chr.) der *Aeneis* als Darstellung des Seesturms beigefügt war.

3. Neptun greift ein (Aen. 1, 124–156) (A)

Mitten im Seesturm, der Aeneas und seine Flotte zu vernichten droht, bemerkt Neptun, der Herrscher des Meeres, was dort vor sich geht:

124 Interea magno misceri murmure¹ pontum
  emissamque hiemem² sensit Neptunus et imis³
126 stagna⁴ refusa⁵ vadis⁶; graviter commotus et alto⁷
  prospiciens summa placidum caput extulit unda.
128 Disiectam⁸ Aeneae toto videt aequore classem,
  fluctibus oppressos Troas caelique ruina⁹,
130 nec latuere¹⁰ doli fratrem¹¹ Iunonis et irae.
  Eurum ad se Zephyrumque vocat, dehinc¹² talia fatur:
132 »Tantane vos generis tenuit fiducia¹³ vestri?
  Iam caelum terramque meo sine numine, venti,
134 miscere et tantas audetis tollere moles¹⁴?
  Quos¹⁵ ego –! Sed motos praestat¹⁶ componere¹⁷ fluc-
136 tus.
  Post¹⁸ mihi non simili¹⁹ poena commissa²⁰ luetis²¹.
138 Maturate²² fugam, regique haec dicite vestro:
  Non illi imperium pelagi²³ saevumque tridentem²⁴,
140 sed mihi sorte datum. Tenet ille immania²⁵ saxa²⁶,
  vestras, Eure, domos. Illa se iactet in aula²⁷
142 Aeolus, et clauso ventorum carcere²⁸ regnet²⁹.«
  Sic ait, et dicto citius tumida³⁰ aequora placat³¹
144 collectasque fugat nubes³² solemque reducit.
  Cymothoe simul et Triton adnixus³³ acuto³⁴
146 detrudunt³⁵ navis scopulo³⁶; levat³⁷ ipse³⁸ tridenti³⁹
  et vastas⁴⁰ aperit syrtis⁴¹ et temperat aequor
  atque rotis⁴² summas levibus perlabitur⁴³ undas.

---

1 **murmur**, uris *n.*: Getöse
2 **hiems**, hiemis *f.*: *(hier)* Unwetter – 3 **īmus**: der unterste
4 **stāgnum**: Gewässer
5 **refundī**, refundor, refūsus est: sich ergießen – 6 **vadum**: Untiefe; Grund – 7 **altō**: aufs Meer
8 **disicere**, iciō, iēcī, iectum: zerstreuen – 9 **ruīna**: Einsturz
10 **latuēre** *m. Akk.*: (sie) waren jm. verborgen – 11 **frātrem**: *Neptun ist Junos Bruder* – 12 **dehinc**: hierauf

13 **fidūcia**: Vertrauen; Stolz
14 **mōlēs**, is *f.*: Masse – 15 **Quōs ego …!**: Euch werde ich …!
16 **praestat**: es ist besser
17 **compōnere**: beruhigen
18 **post**: später – 19 **similis**: *(hier)* ähnlich leicht – 20 **commissum**: Vergehen – 21 **luere**, luō: büßen
22 **mātūrāre**: beschleunigen
23 **pelagus** *n.*: Meer – 24 **tridēns**, entis *m.*: Dreizack *(Zeichen der Herrschaft Neptuns)* – 25 **immānis**, e: riesig – 26 **saxa**: *Aeolus hielt die Winde in einer Felsenhöhle fest*
27 **aula**: Hof; Halle – 28 **carcer**, eris *m.*: Kerker – 29 **rēgnāre**: Leite von regnum/rex ab!

30 **tumidus**: aufwallend
31 **plācāre**: beruhigen
32 **nūbēs**, is: Wolke
33 **adnīxus**: mit Anstrengung
34 **acūtus**: spitz; scharf – 35 **dētrūdere**: hinabstoßen – 36 **scopulus**: Fels – 37 **levāre**: wegheben
38 **ipse**: *gemeint: Neptun*
39 **tridentī** *Abl. zu* tridēns, entis *m.*: Dreizack – 40 **vāstus**: weit
41 **syrtis**, is *f.*: Sandbank
42 **rota**: Rad *(Neptun fährt auf einem Wagen übers Meer.)*
43 **perlābī**, perlābor: gleiten durch/über

148 Ac veluti magno in populo cum saepe coorta est⁴⁴
seditio⁴⁵ saevitque⁴⁶ animis⁴⁷ ignobile⁴⁸ vulgus
150 iamque faces⁴⁹ et saxa volant; furor arma ministrat⁵⁰;
tum, pietate⁵¹ gravem ac meritis⁵² si forte virum quem⁵³
152 conspexere, silent⁵⁴ arrectisque⁵⁵ auribus adstant⁵⁶;
ille regit dictis animos et pectora mulcet⁵⁷;
154 sic cunctus pelagi²³ cecidit fragor⁵⁸, aequora postquam
prospiciens genitor⁵⁹ caeloque invectus⁶⁰ aperto
156 flectit equos curruque volans dat⁶¹ lora secundo⁶².

44 **coorīrī,** coorior, coortus sum: sich erheben – 45 **sēditiō** *f.*: Aufstand – 46 **saevīre:** wüten
47 **animus:** *(hier)* Übermut
48 **īgnōbilis, e:** niedrig; unedel
49 **fax,** facis: Fackel
50 **ministrāre:** liefern
51 **pietāte:** ↗ S. 16 – 52 **meritum:** Verdienst – 53 **quem** = aliquem
54 **silēre:** schweigen – 55 **arrectīs auribus:** mit gespitzten Ohren
56 **a(d)stāre:** stehen bleiben
57 **mulcēre:** besänftigen
58 **fragor** *m.*: Getöse – 59 **genitor:** Vater *(gemeint: Neptun)*
60 **invectus:** dahinfahrend
61 **lōra dare:** die Zügel lockern
62 **secundus:** *(hier)* leicht folgend

1 Nennen Sie typische Elemente des antiken Epos, die Sie in diesem Text finden können.
2 Interpretieren Sie die Seesturmszene als Allegorie für die Zeit Vergils (E S. 14 f.). Berücksichtigen Sie dabei auch den vorigen Text (Text 2: Die Troianer in Seenot) und das Gleichnis in V. 148–153.
3 Stellen Sie sich vor, Sie seien ein stark republikanisch (anti-augusteisch) gesinnter Römer der Zeit Vergils. Bewerten Sie die politische Aussage des Gleichnisses und der Seesturmszene insgesamt.

Republikaner
Als Republikaner bezeichnet man die Römer, die in der späten Republik und frühen Kaiserzeit für die Erhaltung bzw. vollständige Wiederherstellung der römischen Republik waren. Ein Römer mit republikanischer Gesinnung war somit gegen die Alleinherrschaft eines Caesar oder Augustus. Deshalb wird diese Haltung auch als anti-augusteisch bezeichnet.

Marcantonio Raimondi: »Quos ego …« (Zentralbild eines Bilderzyklus zur *Aeneis* ca. 1515/16; British Museum, London); Foto: Stefanie Jahn.

Aeneas: Mission mit Hindernissen | 29

4. Die Bestimmung des Aeneas I – Venus' Klage (Aen. 1, 223–253)

Als der Sturm sich gelegt hat, retten sich die Troianer an das nächste erreichbare Ufer. Nur sieben Schiffe erreichen zusammen mit Aeneas die libysche Küste. Dieses schwere Schicksal bereitet seiner Mutter Venus großen Kummer.

223 Et iam finis[1] erat, cum Iuppiter aethere[2] summo
despiciens[3] mare velivolum[4] terrasque iacentis[5]
litoraque et latos populos, sic vertice[6] caeli
constitit et Libyae defixit lumina[7] regnis.
Atque illum talis[8] iactantem[9] pectore curas
228 tristior et lacrimis oculos[10] suffusa[11] nitentis[12]
adloquitur Venus: »O qui res hominumque deumque
aeternis regis imperiis et fulmine[13] terres,
quid meus Aeneas in te committere[14] tantum,
quid Troes potuere, quibus tot funera passis
233 cunctus ob Italiam terrarum clauditur orbis?
Certe hinc Romanos olim[15] volventibus[16] annis
hinc fore[17] ductores revocato a sanguine Teucri,
qui mare, qui terras omni dicione tenerent,
pollicitus[18]. Quae te, genitor[19], sententia vertit[20]?
238 Hoc equidem occasum[21] Troiae tristisque ruinas[22]
solabar[23] fatis contraria[24] fata rependens[25];
nunc eadem fortuna viros tot casibus actos
insequitur. Quem das finem, rex magne, laborum?
Antenor potuit, mediis elapsus[26] Achivis,
243 Illyricos penetrare[27] sinus atque intima[28] tutus
regna Liburnorum, et fontem superare Timavi,
unde per ora[29] novem[30] vasto cum murmure montis
it mare proruptum[31] et pelago premit arva[32] sonanti[33].
Hic tamen ille urbem Patavi[34] sedesque locavit
248 Teucrorum et genti nomen dedit armaque fixit[35]
Troïa, nunc placida compostus[36] pace quiescit.

1 fīnis: *ergänze* diēī – **2 aethēr,** eris m: Äther; Himmel – **3 dēspicere,** spiciō: herabblicken – **4 vēlivolus:** *(hier)* von Schiffen befahren – **5 iacentīs:** Akk. Pl. (↗S. 20 B7) – **6 vertex,** verticis m: Höhe; Gipfel – **7 lūmina dēfīgere,** fīgō, fīxī m. Abl.: starr herabblicken auf etw. – **8 tālis, e:** solche(r/s) – **9 iactāre:** *(hier)* hin und her bewegen – **10 oculōs:** Akk. Graecus (↗S. 21 B15) – **11 suffūsus** m. Abl.: benetzt; erfüllt mit etw. – **12 nitēre:** glänzen – **13 fulmen,** fulminis n. Blitz – **14 committere in** m. Akk.: gegen jn. verüben; begehen – **15 ōlim:** einst; künftig – **16 volvere:** *(hier)* dahinrollen; vergehen – **17 fore** = futūrōs esse – **18 pollicitus:** *ergänze* es **pollicērī,** pollicitus sum: versprechen – **19 genitor:** Vater – **20 vertere:** *(hier)* umstimmen – **21 occāsus:** Untergang – **22 ruīna** : Sturz; Fall; Unglück – **23 sōlārī:** erleichtern; erträglich machen – **24 contrārius:** entgegengesetzt – **25 rependere** m. Abl.: mit etw. aufwiegen – **26 ēlābī,** ēlābor, ēlāpsus sum: entkommen – **27 penetrāre** m. Akk.: eindringen; hineinkommen in – **28 intimus:** d. innerste(r/s) – **29 ōs,** ōris n: *(hier)* Mündung – **30 novem:** neun – **31 prōruptus:** hervorgebrochen; brausend – **32 arvum:** Feld *(Pl. auch:* Gegend) – **33 sonāns,** sonantis: tönend; rauschend – **34 Patavī** : *Genitiv zu* Patavium *(deutsch: Apposition)* – **35 fīgere,** fīgō, fīxī, fīxum: (als Weihgeschenk) aufhängen – **36 compostus:** *PPP von* compōnere = hinlegen; zur Ruhe bringen

Nos, tua progenies³⁷, caeli quibus adnuis³⁸ arcem,
navibus (infandum³⁹!) amissis unius ob iram
prodimur atque Italis longe disiungimur oris.
Hic pietatis honos⁴⁰? Sic nos in sceptra⁴¹ reponis?«

37 prōgeniēs *f*: Nachkommenschaft – **38 adnuere**: bestimmen; versprechen – **39 infandus**: unsäglich; unerhört; abscheulich
40 honōs: *(hier)* Lohn –
41 scēptrum: Zepter; Herrschaft

1. Vor dem Lesen: Erschließen Sie mit Hilfe der Wortbildungslehre mögliche Bedeutungen von *ductor, ductoris* (V. 235, abgeleitet von *ducere*) und *dicio, dicionis* (V. 236, abgeleitet von *dicere* in der Bedeutung »bestimmen; befehlen«). Leiten Sie außerdem die Bedeutung folgender Verben her: *adloqui* (V. 229), *revocare* (V. 235), *disiungere* (V. 252) und *reponere* (V. 253).
2. Vor dem Lesen: Recherchieren Sie, welche Troianer in der antiken Mythologie als Nachfahren des Jupiter/Zeus galten. Untersuchen Sie hierfür z. B. die Abstammung des Tros und der Venus (vgl. auch den Stammbaum S. 13).
3. Nach dem Lesen: (a) Erläutern Sie, welche Rolle die Begriffe *ductor* und *dicio* für die Zukunft der Nachkommen des Aeneas spielen. – (b) Erklären Sie, wie in diesem Text durch die Begriffe *revocare* und *reponere* das Verhältnis zwischen Vergangenheit und Zukunft charakterisiert wird. – (c) Diskutieren Sie, wen Venus mit *nos* (V. 253) meint.
4. Stellen Sie fest, mit welchen Argumenten Venus Jupiter dazu zu bringen versucht, Aeneas und seinen Gefährten zu helfen. An welche römischen Werte (↗ S. 16 f.) lässt Vergil sie dabei appellieren?
5. Fassen Sie unter Berücksichtigung von Text 1 (S. 24 f.) zusammen, was zu Beginn der *Aeneis* über die historische Rolle des Aeneas und seiner Nachfahren gesagt wird.

Aeneas bei einer Opferhandlung kurz nach seiner Landung in Latium (Relief an der *Ara Pacis Augustae* ↗ S. 15)

5. Die Bestimmung des Aeneas II – Jupiters Antwort (Aen. 1, 254–304) (A)

Um Venus zu beruhigen, eröffnet Jupiter ihr seinen Plan für Aeneas und dessen Nachkommen:

254 Olli[1] subridens[2] hominum sator[3] atque deorum,
voltu[4], quo caelum tempestatesque serenat[5],
oscula[6] libavit[7] natae, dehinc[8] talia fatur[9]:
»Parce metu[10], Cytherea: Manent immota[11] tuorum
fata tibi; cernes urbem et promissa Lavini
moenia sublimemque[12] feres ad sidera caeli
260 magnanimum[13] Aenean; neque me sententia vertit.
Hic tibi[14] – fabor[9] enim, quando[15] haec te cura
                                        remordet[16],
longius et volvens[17] fatorum arcana movebo[18] –
bellum ingens geret Italia populosque ferocis[19]
contundet[20] moresque viris et moenia ponet,
265 tertia dum Latio regnantem[21] viderit aestas[22]
ternaque[23] transierint Rutulis hiberna[24] subactis.
At puer Ascanius, cui nunc cognomen[25] Iulo[26]
additur – Ilus erat, dum res stetit Ilia regno –,
triginta magnos volvendis mensibus orbis[27]
270 imperio explebit[28] regnumque ab sede Lavini
transferet[29] et Longam multa vi muniet Albam.
Hic iam ter[30] centum totos regnabitur annos
gente sub Hectorea, donec[31] regina sacerdos[32],
Marte gravis[33], geminam partu dabit Ilia prolem[34].
275 Inde lupae[35] fulvo[36] nutricis[37] tegmine[38] laetus[39]
Romulus excipiet gentem[40] et Mavortia condet
moenia Romanosque suo de nomine dicet.
His ego nec metas[41] rerum nec tempora pono;
imperium sine fine dedi. Quin[42] aspera Iuno,
280 quae mare nunc terrasque metu caelumque fatigat[43],
consilia in melius referet[44], mecumque fovebit[45]

---

1 ollī = illī – **2 subrīdēre:** zulächeln – **3 sator:** Vater
4 voltū = vultū – **5 serēnāre:** heiter machen – **6 ōsculum:** Kuss
7 lībāre: nehmen; genießen
8 dehinc *(Synizese: metrisch als eine Silbe zählen!):* hierauf
9 fārī: verkünden; sprechen
10 metū = metuī – **11 immōtus:** unverändert – **12 sublīmis**, e: in die Höhe; hoch – **13 māgnanimus:** edel(mütig); hochherzig – **14 tibi:** *Dat. ethicus (kann unübersetzt bleiben)* – **15 quandō:** *(hier)* weil
16 remordēre: quälen – **17 longius volvere:** *(hier)* weiter enthüllen
18 arcāna movēre: Geheimnisse ans Licht bringen – **19 ferōx**, ōcis: wild – **20 contundere**, contundō: zerschlagen – **21 rēgnantem:** herrschend *(erg. eum)* – **22 aestās** *f:* Sommer – **23 ternī**, ae, a: drei
24 hīberna *n Pl.: (hier)* Winter
25 cōgnōmen *n:* Beiname
26 Iūlō: *Dat. auf* cui *bezogen (im Dt. anders)* – **27 trīginta magnōs volvendīs mēnsibus orbīs:** 30 große Kreisläufe dahinrollender Monate – **28 explēre:** erfüllen
29 trānsferre: übertragen; verlegen – **30 ter:** dreimal
31 dōnec: bis **32 rēgīna sacerdōs:** Königstochter und Priesterin
33 gravis: *(hier)* schwanger
34 partū gemīnam prōlem dare: Zwillinge gebären – **35 lupa:** Wölfin – **36 fulvus:** dunkelgelb
37 nūtrīx, trīcis *f:* Nährmutter; Amme – **38 tēgmen**, inis *n: (hier)* Fell – **39 laetus:** *(hier)* herrlich bekleidet – **40 gentem excipere:** das Geschlecht fortführen
41 mēta: Ziel; Grenze – **42 quīn:** *hier* sogar – **43 fatīgāre:** zermürben – **44 in melius referre:** zum Besseren wenden – **45 fovēre:** unterstützen

Romanos, rerum⁴⁶ dominos gentemque togatam⁴⁷:
Sic placitum⁴⁸. Veniet lustris labentibus⁴⁹ aetas,
cum domus Assaraci Phthiam clarasque Mycenas
285 servitio⁵⁰ premet ac victis dominabitur⁵¹ Argis.
Nascetur pulchra Troianus origine⁵² Caesar,
imperium Oceano⁵³, famam qui terminet⁵⁴ astris⁵⁵,
Iulius, a magno demissum⁵⁶ nomen Iulo.
Hunc tu olim⁵⁷ caelo, spoliis⁵⁸ Orientis⁵⁹ onustum⁶⁰,
290 accipies secura⁶¹; vocabitur hic quoque votis⁶².
Aspera tum positis mitescent⁶³ saecula bellis:
Cana⁶⁴ Fides⁶⁵ et Vesta, Remo cum fratre Quirinus
iura dabunt; dirae⁶⁶ ferro et compagibus⁶⁷ artis⁶⁸
claudentur Belli portae; Furor impius intus,
295 saeva sedens super arma, et centum vinctus⁶⁹ aënis⁷⁰
post tergum⁷¹ nodis⁷² fremet⁷³ horridus⁷⁴ ore
cruento⁷⁵.«
Haec ait, et Maia genitum⁷⁶ demittit ab alto⁷⁷,
ut terrae utque novae pateant Karthaginis arces
hospitio⁷⁸ Teucris, ne fati nescia⁷⁹ Dido
300 finibus arceret⁸⁰. Volat ille per aëra magnum⁸¹
remigio alarum⁸², ac Libyae citus⁸³ adstitit⁸⁴ oris.
Et iam iussa facit, ponuntque⁸⁵ ferocia⁸⁶ Poeni
corda volente deo, in primis⁸⁷ regina quietum⁸⁸
accipit in Teucros animum mentemque benignam⁸⁹.

46 rēs: *Pl.: (hier)* Welt – **47 togātus:** *Leite von* toga *ab!* – **48 placitum (est):** es ist beschlossen – **49 lūstrīs lābentibus:** im Lauf der Jahre **50 servitium:** Knechtschaft **51 dominārī** *m. Dat.:* herrschen **52 orīgō,** inis *f:* Ursprung **53 Ōceanus:** *vgl. Wortgebrauch im Deutschen* – **54 termināre:** begrenzen – **55 astrum:** Stern **56 dēmittere,** misī, missum: herleiten – **57 ōlim:** einst **58 spolium:** Beute – **59 Oriēns,** ntis: *vgl. Wortgebr. im Deutschen* **60 onustus:** beladen – **61 sēcūrus:** sorglos; heiter – **62 vōtum:** Gebet **63 mītēscere:** mild/friedlich werden – **64 cānus:** grau(haarig) **65 Fidēs:** *als Göttin personifizierte Treue* – **66 dīrus:** grauenvoll **67 compāgēs,** is *f: (hier)* Fessel; Riegel – **68 artus:** eng; straff **69 vincīre,** vīnxī, vīnctum: fesseln – **70 aēnus:** aus Erz/ Bronze – **71 tergum:** Rücken **72 nōdus:** Knoten; Fessel **73 fremere:** schnauben **74 horridus:** schrecklich **75 cruentus:** blutig – **76 genitus:** Sohn – **77 altum:** *(hier)* Höhe; Himmel – **78 hospitiō** *(adv.):* gastfreundlich – **79 nescius:** *leite von* nescīre *ab!* – **80 arcēre:** fernhalten; abwehren – **81 māgnus:** *(hier)* weit **82 rēmigium ālārum:** die Flügel **83 citus:** schnell – **84 adsistere,** sistō, stitī: hintreten; stehen bleiben **85 pōnere:** *(hier)* ablegen; beruhigen **86 ferōx,** ōcis: wild; kriegerisch **87 in prīmis** = imprīmis – **88 quiētus:** ruhig – **89 benīgnus:** gütig

1 (a) Stellen Sie den hier von Jupiter dargelegten Verlauf der Geschichte graphisch dar. – (b) Ordnen Sie die einzelnen Beschreibungen und Geschehnisse in V. 286–304 den historischen Ereignissen im Rom des 1. Jh. v. Chr. (↗ S. 14 f.) zu. Handelt es sich bei »Caesar« (V. 286) um Caesar oder Augustus?

2 (a) Wiederholen Sie die Geschichte von Romulus und Remus (↗ S. 12) und informieren Sie sich, wie Vergils Freund Horaz diese mit den Ereignissen seiner eigenen Zeit verbindet (Epode 7). – (b) Erklären Sie die Bedeutung der Verse 292–296 sowie speziell von *furor impius* (V. 294) in diesem Zusammenhang. Berücksichtigen Sie die Bedeutung(en) von *pius* (↗ S. 15). – (c) Diskutieren Sie, ob es nach diesem Verständnis auch einen *furor pius* gibt.

3 Erläutern Sie die Darstellungsabsicht Vergils in dieser Szene: Welche Sicht der römischen Geschichte und seiner eigenen Zeit wird hier vermittelt?

Aeneas erzählt

6. Das Troianische Pferd (Aen. 2, 21–56) (A)

Dido, die Königin von Karthago, gibt ein Festmahl für die Troianer. Sie bittet Aeneas, von den Kämpfen um Troia und seinen Irrfahrten zu berichten. Aeneas beginnt, indem er erzählt, wie die Griechen ein großes hölzernes Pferd bauten und es mit ausgewählten Kriegern füllten. Dann fährt er fort:

»Est in conspectu Tenedos, notissima fama
22 insula, dives opum, Priami dum regna manebant,
nunc tantum sinus[1] et statio[2] male[3] fida carinis[4]:
24 Huc se provecti[5] deserto in litore condunt;
nos abiisse rati[6] et vento petiisse[7] Mycenas.
26 Ergo omnis longo solvit se Teucria luctu;
panduntur[8] portae, iuvat ire et Dorica castra
28 desertosque videre locos litusque relictum:
Hic Dolopum manus, hic saevus tendebat Achilles;
30 classibus hic locus, hic acie certare[9] solebant.
Pars stupet[10] innuptae donum exitiale[11] Minervae
32 et molem[12] mirantur equi. Primusque Thymoetes
duci intra muros hortatur et arce locari,
34 sive dolo[13] seu iam Troiae sic fata ferebant[14].
At Capys et quorum[15] melior sententia menti[16],
36 aut pelago[17] Danaum insidias suspectaque[18] dona
praecipitare iubent subiectisque urere[19] flammis
38 aut terebrare[20] cavas[21] uteri[22] et temptare latebras[23].
Scinditur[24] incertum studia in contraria vulgus.
40 Primus ibi ante omnis[25] magna comitante[26] caterva[27]
Laocoon ardens[28] summa decurrit[29] ab arce,
42 et procul: ›O miseri, quae tanta insania[30], cives?
Creditis avectos[31] hostis[32]? Aut ulla putatis
44 dona carere dolis Danaum? Sic notus Ulixes?
Aut hoc inclusi[33] ligno[34] occultantur[35] Achivi,

1 sinus: Bucht – 2 statio f.: Standort – 3 male fidus: unsicher – 4 carina: (hier) Schiff 5 provehi, vehor, vectus sum: (weg)fahren – 6 rati: ergänze sumus u. eos – 7 petiisse = petivisse – 8 pandere: öffnen

9 certare: kämpfen – 10 stupere: staunen (über) – 11 exitialis, e: unheilvoll – 12 moles, is f.: Größe; Masse – 13 dolo: Th. hegte einen Groll gegen Priamos – 14 ferre: (hier) mit sich bringen; bestimmen – 15 quorum = ii, quorum – 16 menti: bleibt unübersetzt – 17 pelago praecipitare: ins Meer stürzen 18 suspectus: verdächtig 19 urere: verbrennen 20 terebrare: durchbohren 21 cavus: hohl – 22 uterus: Bauch – 23 latebra: Versteck 24 scinditur in studia contraria: wird in zwei Parteien gespalten 25 omnis: Akk. Pl. (↗ S. 20 B7) 26 comitari: begleiten 27 caterva: Haufe; Schar 28 ardens: brennend; zornig 29 decurrere: herablaufen 30 insania: Wahnsinn – 31 avehi, avehor, avectus sum: abfahren 32 hostis: Akk. Pl. (↗ S. 20 B7) 33 inclusus: eingeschlossen 34 lignum: Holz 35 occultare: verbergen

46 aut haec in³⁶ nostros fabricata³⁷ est machina³⁸ muros,
inspectura³⁹ domos venturaque desuper⁴⁰ urbi⁴¹,
48 aut aliquis latet error⁴²; equo ne credite, Teucri!
Quidquid⁴³ id est, timeo Danaos et dona ferentis⁴⁴.‹
50 Sic fatus⁴⁵ validis⁴⁶ ingentem viribus hastam⁴⁷
in latus inque feri⁴⁸ curvam⁴⁹ compagibus alvum
52 contorsit⁵⁰. Stetit illa tremens⁵¹, uteroque²² recusso⁵²
insonuere⁵³ cavae²¹ gemitumque dedere cavernae⁵⁴.
54 Et si fata deum, si mens non laeva⁵⁵ fuisset,
impulerat⁵⁶ ferro Argolicas foedare⁵⁷ latebras²³,
56 Troiaque nunc staret, Priamique arx alta maneres.«

36 in *m. Akk.: (hier)* als Mittel gegen – **37 fabricāre**: vgl. deutscher Sprachgebrauch **38 māchina**: Vorrichtung **39 īnspicere**: hineinsehen **40 dēsuper**: von oben – **41 urbī** = in urbem – **42 error**, ōris *m.*: Täuschung – **43 quidquid**: was auch immer – **44 ferentīs**: *Akk. Pl.* (➚ S. 20 B7) – **45 fārī**, fātus sum: sprechen – **46 validus**: stark **47 hasta**: Lanze – **48 ferus**: *(hier)* Ungetüm – **49 curva compāgibus alvus** *f.*: der gekrümmte Bauch **50 contorquēre**, torsī, tortum: schleudern – **51 tremere**: zittern **52 recussus**: erschüttert **53 īnsonāre**, sonuī: erdröhnen **54 caverna**: Gewölbe – **55 laevus**: links; ungünstig – **56 impulerat**: *hier als Irrealis zu verstehen* **57 foedāre**: zerfleischen

1 Vergleichen Sie die Darstellung der Personen, die das Pferd in die Stadt bringen wollen, mit der der Skeptiker, die es vernichten wollen: Welche Seite erhält rein sprachlich größeres Gewicht (durch die Anzahl der Verse und Personen oder die Länge der Äußerungen)?

2 (a) Zeigen Sie auf, weshalb die Troianer nach dieser Darstellung des Aeneas auf die List mit dem hölzernen Pferd hereingefallen sind. Nennen Sie Schlüsselverse aus diesem Abschnitt für die Erklärung. – (b) Erklären Sie, warum die Reaktion der Troianer und der Erfolg der List hier auf diese Weise dargestellt werden.

3 Interpretieren Sie folgende Karikatur zum Thema »Fall der Berliner Mauer (1989)« und diskutieren Sie sie: Handelt es sich um eine gelungene Verarbeitung des Mythos vom Troianischen Pferd?

Frank Leuchte, Der Durchbruch (1989); © Staatliche Bücher- und Kupferstichsammlung Greiz, Inv.-Nr. E 4576

7. Laokoons Tod (Aen. 2, 201–234) (C)

Aeneas erzählt: Als die Griechen die Küste verlassen hatten, glaubten viele Troianer, das hölzerne Pferd am Strand sei eine Gabe der Griechen an Minerva, die Schutzgöttin Troias. Laokoon jedoch hatte vor einer möglichen Falle gewarnt. Noch waren die Troianer nicht endgültig überzeugt, da ereignete sich ein furchtbares Unglück:

»Laocoon, ductus[1] Neptuno sorte sacerdos,
202 sollemnis[2] taurum ingentem mactabat[3] ad aras.
Ecce autem gemini[4] a Tenedo tranquilla[5] per alta
204 – horresco[6] referens – immensis[7] orbibus angues[8]
incumbunt[9] pelago[10] pariterque ad litora tendunt,
206 pectora quorum inter fluctus arrecta[11] iubaeque[12]
sanguineae superant undas; pars cetera pontum
208 pone[13] legit[14] sinuatque[15] immensa[7] volumine[16] terga.
Fit sonitus spumante[17] salo[18]; iamque arva[19] tenebant
210 ardentisque[20] oculos suffecti sanguine et igni
sibila[21] lambebant[22] linguis vibrantibus[23] ora.

212 Diffugimus[24] visu[25] exsangues[26]. Illi agmine certo
Laocoonta petunt; et primum parva duorum
214 corpora natorum serpens[27] amplexus[28] uterque[29]
implicat[30] et miseros morsu[31] depascitur[32] artus[33].
216 Post ipsum auxilio subeuntem ac tela ferentem
corripiunt spirisque[34] ligant ingentibus. Et iam
218 bis[35] medium amplexi[28], bis collo squamea[36] circum[37]
terga dati superant capite et cervicibus[38] altis.

220 Ille simul manibus tendit divellere[39] nodos[40]
perfusus[41] sanie[42] vittas atroque veneno[43],
222 clamores simul horrendos[44] ad sidera tollit;
qualis[45] mugitus, fugit cum saucius[46] aram
224 taurus et incertam excussit[47] cervice[38] securim[48].

1 **sorte dūcere:** durch das Los bestimmen – 2 **sollemnis, e:** *(hier)* üblich – 3 **mactāre:** schlachten
4 **geminī:** doppelt; zwei – 5 **trānquillus:** ruhig – 6 **horrēscere:** schaudern; zittern – 7 **immēnsus:** gewaltig – 8 **anguis, is** *m:* Schlange – 9 **incumbere** *m. Dat.:* sich stemmen gegen etw.
10 **pelagus, ī** *n.:* Meer – 11 **arrēctus:** aufgerichtet – 12 **iuba** *f.:* Mähne, Kamm – 13 **pōne:** hinten
14 **legere:** *(hier)* durchschwimmen
15 **sinuāre:** krümmen – 16 **volūmen, minis** *n.:* *(hier)* Windung(en)
17 **spūmāre:** schäumen
18 **salum:** Meer – 19 **arvum:** Ufer
20 **ārdentisque ... ignī:** und mit glühenden und blutunterlaufenen Augen – 21 **sībilus:** zischend
22 **lambere:** lecken
23 **vibrāre:** zucken – 24 **diffugere:** auseinanderlaufen – 25 **vīsus, ūs:** Anblick – 26 **exsanguis, e:** bleich – 27 **serpēns** *m.:* Schlange
28 **amplectī, or, amplexī sum:** umfassen – 29 **uterque:** jeder von beiden – 30 **implicāre:** einwickeln – 31 **morsus, ūs:** Biss
32 **dēpāscī, or:** abfressen
33 **artus, ūs:** Glied; Gelenk
34 **spīra:** Windung – 35 **bis:** zweimal – 36 **squāmeus:** schuppig
37 **circum ... datī:** als sie ... herumgelegt haben/hatten
38 **cervīx, īcis** *f.:* Nacken
39 **dīvellere:** auseinanderreißen
40 **nōdus:** Knoten – 41 **perfūsus:** überströmt – 42 **saniēs, ēī** *f.:* Geifer – 43 **venēnum:** Gift
44 **horrendus:** schaudervoll
45 **quālis mūgītus, cum ...:** ein Brüllen, wie es ertönt, wenn ...
46 **saucius:** verwundet
47 **excutere, cutiō, cussī, cussum:** abschütteln – 48 **secūris, is** *f.:* Beil

At geminī⁴ lāpsū⁴⁹ dēlubra⁵⁰ ad summa dracōnēs⁵¹
226 effugiunt saevaeque petunt Trītōnidis arcem,
sub pedibusque deae clipeīque⁵² sub orbe teguntur.
228 Tum vērō tremefacta⁵³ novus per pectora cūnctīs
īnsinuat⁵⁴ pavor⁵⁵, et scelus expendisse⁵⁶ merentem⁵⁷
230 Lāocoonta ferunt, sacrum quī cuspide⁵⁸ rōbur⁵⁹
laeserit et tergō scelerātam intorserit⁶⁰ hastam⁶¹.
232 Dūcendum ad sēdēs simulācrum ōrandaque⁶² dīvae⁶³
nūmina conclāmant⁶⁴.
234 Dīvidimus mūrōs et moenia pandimus⁶⁵ urbis.«

49 lāpsus, ūs: Gleiten – **50 dēlūbrum:** Tempel – **51 dracō, ōnis** *m.*: Schlange – **52 clipeus:** Schild
53 tremefactus: zitternd
54 īnsinuāre: eindringen
55 pavor *m.*: Angst
56 expendere, pendī, pēnsum: bezahlen, büßen – **57 merēns,** ntis: verdientermaßen – **58 cuspis,** idis *f.*: Speerspitze – **59 rōbur** *n.*: (Eichen)holz – **60 intorquēre,** torsī, tortum: hineinschleudern
61 hasta: Lanze – **62 dūcendum,** ōranda: *erg.* esse – **63 dīvae nūmina** *n. Pl.*: die Gunst der Göttin – **64 conclāmāre:** laut rufen – **65 pandere:** öffnen

1 Nennen Sie die einzelnen Schritte des Schlangenangriffs.
2 Zeigen Sie auf, inwiefern in V. 209–227 die sprachliche Gestaltung des Textes das Geschehen unterstreicht.
3 Vergleichen Sie die Erzählung mit der Abbildung der Laokoon-Gruppe.
4 Welche Darstellung (Text oder Bild) bringt ihrer Meinung nach das Geschehen und die damit verbundene Stimmung wirkungsvoller zum Ausdruck? Begründen Sie Ihre Wahl.

Laokoon-Gruppe,
Vatikanische Museen Rom,
Kopie aus dem 1. Jh. v. Chr.,
Original um 200 v. Chr.

8. Fliehen oder Kämpfen? (Aen. 2, 268–317) (C)

Aeneas erzählt: Die Troianer feierten ein großes Fest in dem Glauben, dass die Griechen abgezogen seien. Doch auf sie wartete eine böse Überraschung:

268 »Tempus erat, quo prima quies mortalibus aegris[1]
incipit et dono[2] divum gratissima serpit[3].
270 In somnis, ecce, ante oculos maestissimus Hector
visus adesse mihi largosque effundere[4] fletus,
272 raptatus[5] bigis[6] ut quondam aterque cruento[7]
pulvere[8] perque pedes traiectus[9] lora[10] tumentis[11].
274 Ei mihi[12], qualis erat, quantum mutatus ab illo
Hectore, qui redit exuvias[13] indutus[14] Achilli
276 vel Danaum Phrygios iaculatus[15] puppibus[16] ignis!
Squalentem[17] barbam[18] et concretos[19] sanguine crinis[20]
278 vulneraque illa gerens, quae circum plurima muros
accepit patrios. Ultro[21] flens ipse videbar
280 compellare[22] virum et maestas expromere[23] voces:
›O lux Dardaniae, spes o fidissima Teucrum,
282 quae[24] tantae tenuere morae? Quibus, Hector, ab oris,
exspectate, venis? Ut te post multa tuorum[25]
284 funera, post varios hominumque urbisque labores
defessi aspicimus! Quae causa indigna serenos[26]
286 foedavit[27] vultus? Aut cur haec vulnera cerno?‹
Ille nihil, nec me quaerentem vana[28] moratur[29],
288 sed graviter gemitus[30] imo[31] de pectore ducens:
›Heu[32], fuge, nate[33] dea, teque his,‹ ait, ›eripe flammis!
290 Hostis habet muros; ruit alto a culmine[34] Troia.
Sat[35] patriae Priamoque datum[36]. Si Pergama dextra
292 defendi possent, etiam hac[37] defensa fuissent.
Sacra suosque tibi commendat[38] Troia Penatis.
294 Hos cape fatorum comites; his moenia quaere,
magna pererrato[39] statues quae[40] denique ponto.‹

1 **aeger,** aegra, aegrum: leidend
2 **dōnō:** als Geschenk – 3 **serpere:** sich ausbreiten – 4 **effundere flētūs** *(Akk. Pl. m.):* Tränen vergießen
5 **raptāre:** fortreißen – 6 **bīgae:** Zweigespann (= Streitwagen)
7 **cruentus:** blutig – 8 **pulvis,** eris *m.:* Staub – 9 **trāiectus:** er hatte durchgezogen bekommen
10 **lōrum:** Riemen *(Achilles hatte Hektor getötet und ihn an Riemen hinter seinem Wagen hergeschleift)* – 11 **tumēns,** ntis: angeschwollen – 12 **ei mihi:** weh mir! – 13 **exuviae:** Rüstung *(Hektor hatte Patroklos, der die Rüstung des Achilles trug, getötet und ihm diese abgenommen)* – 14 **indūtus** *m. Akk.:* bekleidet mit – 15 **iaculārī** *m. Dat.:* werfen auf – 16 **puppis,** is *f.:* Schiffsheck – 17 **squālēns,** ntis: schmutzig – 18 **barba:** Bart
19 **concrētus:** starr – 20 **crīnis,** is *m.:* Haar – 21 **ultrō:** noch dazu
22 **compellāre:** anreden
23 **exprōmere:** hervorstoßen
24 **quae tantae tenuēre morae:** was hielt dich so lange auf?
25 **tuī,** ōrum: die Deinen; deine Leute – 26 **serēnus:** heiter; ruhig
27 **foedāre:** entstellen

28 **vānus:** nichtig; unbedeutend
29 **morārī:** aufhalten; warten lassen – 30 **gemitus,** ūs: Seufzen
31 **īmus:** tiefster; unterster
32 **heu:** ach; weh! – 33 **nātus deā:** Sohn der Göttin – 34 **culmen,** minis *n.:* Gipfel – 35 **sat** = satis: genug – 36 **datum:** *erg.* est
37 **hāc:** *gemeint ist* »meine« (rechte Hand) – 38 **commendāre:** anvertrauen – 39 **pererrāre:** über … umherirren – 40 **quae:** *vor* magna (↗ S. 21 B12)

296 Sic ait et manibus vittas⁴¹ Vestamque potentem
aeternumque adytis⁴² effert penetralibus⁴³ ignem.
298   Diverso⁴⁴ interea miscentur⁴⁵ moenia luctu,
et magis atque magis, quamquam secreta⁴⁶ parentis
300 Anchisae domus arboribusque obtecta⁴⁷ recessit⁴⁸,
clarescunt⁴⁹ sonitus⁵⁰ armorumque ingruit⁵¹ horror.
302 Excutior⁵² somno et summi fastigia⁵³ tecti
ascensu supero atque arrectis⁵⁴ auribus asto⁵⁵:
304 In segetem⁵⁶ veluti cum flamma furentibus⁵⁷ Austris
incidit⁵⁸ aut rapidus montano flumine torrens
306 sternit agros, sternit⁵⁹ sata⁶⁰ laeta⁶¹ boumque⁶² labores
praecipitisque trahit silvas. Stupet inscius alto
308 accipiens sonitum⁵⁰ saxi de vertice⁶³ pastor.
Tum vero manifesta⁶⁴ fides, Danaumque patescunt
310 insidiae. Iam Deiphobi dedit⁶⁵ ampla ruinam
Volcano superante domus, iam proximus ardet
312 Ucalegon⁶⁶. Sigea⁶⁷ igni⁶⁸ freta lata relucent⁶⁹.
Exoritur⁷⁰ clamorque virum clangorque⁷¹ tubarum.
314 Arma amens⁷² capio; nec sat³⁵ rationis in armis,
sed glomerare⁷³ manum bello et concurrere in arcem
316 cum sociis ardent animi⁷⁴. Furor iraque mentem
praecipitat, pulchrumque⁷⁵ mori succurrit⁷⁶ in armis.«

41 vitta: Kopfbinde der Priester
42 adytum: das Allerheiligste (*Raum im Tempel*) – **43 penetrālia, ium** *n. Pl.*: das Innere
44 dīversus: an verschiedenen Stellen – **45 miscērī:** erfüllt werden – **46 sēcrētus:** abgesondert – **47 obtēctus:** bedeckt – **48 recessit:** liegt weiter hinten – **49 clārēscere:** deutlich ertönen – **50 sonitus, ūs:** Geräusch – **51 ingruere:** eindringen – **52 excutere:** herausreißen – **53 fāstigium:** Giebel – **54 arrēctis auribus:** gespannt lauschend – **55 astāre:** stehen bleiben – **56 seges, segetis:** Ernte – **57 furēns:** wütend **58 incidere:** auf etw. fallen **59 sternere:** bedecken; verwüsten – **60 sata** *n. Pl.*: Saat **61 laetus:** (*hier*) üppig – **62 boum** *Gen. Pl.*: Rinder – **63 vertex, verticis** *m.*: Gipfel – **64 manifēsta fidēs:** sicherer Beweis
65 dare ruīnam: einstürzen
66 Ūcalegōn: *gemeint:* Haus des U. – **67 Sīgēa freta** *n. Pl.*: Bucht von Sigeum – **68 ignī:** *Abl.*
69 relūcēre: (wider)strahlen
70 exorīrī: sich erheben
71 clangor: Klang – **72 āmēns:** (wie) von Sinnen – **73 glomerāre:** sammeln – **74 animī:** *Nom. Pl. als Sing. übersetzen* (↗ S. 20 B10)
75 pulchrum: *erg.* esse
76 succurrit: der Gedanke steigt auf

1 Beschreiben Sie die Stimmung in dieser Szene. Durch welche sprachlichen Mittel wird diese Stimmung erzeugt?

2 Vergleichen Sie die Darstellung des Aeneas in diesem Abschnitt mit seiner Charakterisierung am Anfang der *Aeneis* (Text 1).

3 Man könnte Aeneas Feigheit oder Verrat vorwerfen, weil er aus dem untergehenden Troia entflohen ist. Erklären Sie, inwiefern dieser Text eine solche Bewertung widerlegt oder unterstützt.

4 Spekulieren Sie über den Fortgang der Ereignisse bis zur Abfahrt des Aeneas von Troia.

9. Flucht aus Troia (Aen. 2, 651–672; 730–751) (C)

Aeneas erzählt: Während er mit anderen Troianern verzweifelt gegen die Griechen kämpfte, erschien ihm seine Mutter Venus und befahl ihm zu fliehen und seine Familie zu retten, da Troias Untergang nicht mehr abzuwenden sei. Doch als er aufbrechen wollte, weigerte sich sein gelähmter Vater Anchises, Troia zu verlassen.

»Nos contra effusi[1] lacrimis coniunxque Crëusa
652 Ascaniusque omnisque domus, ne[2] vertere secum
cuncta pater fatoque urgenti[3] incumbere[4] vellet.
654 Abnegat[5] inceptoque[6] et sedibus haeret in isdem[7].
Rursus in arma feror[8] mortemque miserrimus opto.
656 Nam quod consilium aut quae iam fortuna dabatur?
›Mene efferre[9] pedem, genitor[10], te posse relicto
658 sperasti[11] tantumque nefas patrio excidit ore?
Si nihil ex tanta superis placet urbe relinqui
660 et sedet[12] hoc animo periturae addere Troiae
teque tuosque[13] iuvat, patet isti ianua[14] leto[15],
662 iamque aderit multo Priami de sanguine Pyrrhus[16],
natum ante ora patris, patrem qui[17] obtruncat[18] ad
664 aras[19].
Hoc erat, alma parens[20], quod me per tela, per ignis
666 eripis, ut mediis hostem in penetralibus[21] utque
Ascanium patremque meum iuxtaque[22] Crëusam
668 alterum in alterius mactatos[23] sanguine cernam?
Arma, viri, ferte arma; vocat lux ultima victos.
670 Reddite me Danais; sinite[24] instaurata[25] revisam[26]
proelia! Numquam omnes hodie moriemur inulti[27].‹
672 Hinc ferro accingor[28] rursus clipeoque[29] sinistram
insertabam[30] aptans meque extra tecta ferebam[31].

1 **effundī**, fundor, fūsus: (in Tränen) zerfließen – 2 **nē ... vellet:** er solle nicht *(indir. Rede)*
3 **urgēns:** drängend
4 **incumbere:** beschleunigen
5 **abnegāre:** sich weigern
6 **inceptum:** Entschluss
7 **īsdem** = iīsdem *(von* īdem*)*
8 **feror:** ich fühle mich gezogen

9 **efferre pedem:** fliehen
10 **genitor:** Vater – 11 **spērāstī** = spērāvistī – 12 **sedet:** steht fest
13 **tuī:** die Deinen – 14 **iānua:** Tür – 15 **lētum:** Tod – 16 **Pyrrhus:** *Priamos hatte bei der Einnahme Troias am Altar des Zeus Schutz gesucht. Aeneas sah, wie Pyrrhus zuerst dessen Sohn und dann Priamos selbst tötete* – 17 **quī:** *an den Anfang von V. 663 setzen*
18 **obtruncāre:** niedermetzeln
19 **obtruncat ad ārās:** *Dies galt als Frevel gegen Zeus* – 20 **parēns:** *gemeint ist Venus (s. o.)*
21 **penetrālia**, ium *n. Pl.:* innere Räume – 22 **iūxtā:** dicht daneben – 23 **mactāre:** hinschlachten
24 **sinere** *m. Konj. 1. Ps.:* lasst mich *m. Inf.* – 25 **īnstaurāre:** erneuern – 26 **revīsere:** wieder sehen – 27 **inultus:** ungerächt; ohne Gegenwehr – 28 **accingere:** umgürten – 29 **clipeō īnsertāre aptāns:** in den Griff des Schildes stecken – 30 **īnsertābam, ferēbam:** *Das Imperfekt drückt den Versuch (Vorhaben) aus* – 31 **sē ferre:** stürzen; eilen

Als zwei Zeichen von Jupiter erschienen, war Anchises schließlich bereit, mit seiner Familie aus Troia zu fliehen. Aeneas nahm seinen Vater auf die Schultern und seinen Sohn Ascanius an die Hand. Seine Frau Crëusa lief in einiger Entfernung hinter ihnen.

730 Iamque propinquabam³² portis omnemque videbar
evasisse³³ viam, subito cum creber ad auris³⁴
732 visus adesse pedum sonitus³⁵, genitorque¹⁰ per umbram
prospiciens ›Nate,‹ exclamat, ›fuge, nate; propinquant!
734 Ardentis³⁶ clipeos³⁷ atque aera³⁸ micantia³⁹ cerno.‹
Hic mihi nescio⁴⁰ quod trepido male⁴¹ numen amicum
736 confusam⁴² eripuit mentem. Namque avia⁴³ cursu
dum sequor et nota excedo regione viarum,
738 heu⁴⁴ misero coniunx fatone⁴⁵ erepta Crëusa
substitit⁴⁶, erravitne via seu lapsa resedit⁴⁷,
740 incertum; nec post oculis est reddita nostris.
Nec prius amissam respexi⁴⁸ animumve reflexi⁴⁹,
742 quam tumulum⁵⁰ antiquae Cereris sedemque sacratam⁵¹
venimus: Hic demum collectis omnibus una
744 defuit et comites natumque virumque fefellit⁵².
Quem non incusavi⁵³ amens⁵⁴ hominumque deorumque,
746 aut quid in eversa⁵⁵ vidi crudelius urbe?
Ascanium Anchisenque patrem Teucrosque penatis
748 commendo⁵⁶ sociis et curva⁵⁷ valle⁵⁸ recondo⁵⁹;
ipse urbem repeto⁶⁰ et cingor⁶¹ fulgentibus⁶² armis.
750 Stat⁶³ casus⁶⁴ renovare omnis omnemque reverti
per Troiam et rursus caput obiectare⁶⁵ periclis⁶⁶.«

32 propinquāre: sich nähern
33 ēvādere, vādō, vāsī: hinter sich lassen – **34 auris,** is *f.*: Ohr
35 sonitus: Geräusch – **36 ārdēre:** blitzen; funkeln – **37 clipeus:** Schild – **38 aera** *n. Pl.*: Erz; Bronze – **39 micāre:** funkeln

40 nesciō quod: irgendein
41 male amīcum: übel gesinnt
42 cōnfūsus: verwirrt – **43 āvia** *n. Pl.*: unwegsames Gelände
44 heu: ach!; weh! – **45 (fātō)-ne ... (errāvit)-ne ...:** ob ... oder ob ... – **46 subsistere,** -sistō, -stitī: zurückbleiben – **47 resīdere:** niedersinken – **48 respicere:** bemerken – **49 reflectere,** flectō, flexī: zurückwenden – **50 tumulus:** Hügel – **51 sacrātus:** geheiligt
52 fallere, fallō, fefellī *m. Akk.*: jm. verborgen bleiben

53 incūsāre: anklagen – **54 āmēns:** von Sinnen; sinnlos – **55 ēvertere,** vertō, vertī, versum: zerstören
56 commendāre: anvertrauen
57 curvus: gekrümmt – **58 vallis,** is *f.*: Tal – **59 recondere:** verbergen – **60 repetere:** zurückgehen (zu) – **61 cingere:** gürten
62 fulgēre: blitzen – **63 stat:** es ist fest beschlossen – **64 cāsūs renovāre:** Risiken erneut eingehen – **65 obiectāre:** entgegenwerfen; aussetzen
66 perīclīs = perīculīs

1 Listen Sie die Handlungen und Hauptaussagen des Aeneas und Anchises in der Reihenfolge, in der sie erzählt werden, auf.

2 Erläutern Sie die jeweilige Motivation dieser Handlungen und Aussagen. Berücksichtigen Sie dabei auch die Rolle der *pietas* (↗ S. 16).

3 Die Ereignisse werden hier von Aeneas selbst geschildert. Wie würden Sie das Verhalten des Aeneas beurteilen, wenn Sie Crëusa wären? Verfassen Sie einen möglichen Kommentar Crëusas zur hier gelesenen Schilderung des Aeneas.

10. Achaemenides (Aen. 3, 588–638) (A)

Aeneas erzählt: Nach mehreren Stationen auf seiner Irrfahrt erfuhr er, dass er in Italien eine neue Heimat suchen solle. Durch die Strömungen der Charybdis wurden sie jedoch zunächst an den Strand der Kyklopen (Sizilien) verschlagen.

588 »Postera iamque dies primo surgebat Eoo[1]
   umentemque[2] Aurora polo[3] dimoverat[4] umbram,
590 cum subito e silvis macie[5] confecta suprema
   ignoti nova[6] forma viri miserandaque[7] cultu
592 procedit supplexque manus ad litora tendit.
   Respicimus[8]: dira[9] inluvies[10] immissaque[11] barba[12],
594 consertum[13] tegimen[14] spinis[15]. At cetera Graius,
   et quondam patriis ad Troiam missus in armis.
596 Isque ubi Dardanios habitus[16] et Troia vidit
   arma procul, paulum aspectu conterritus[17] haesit
598 continuitque gradum[18]; mox sese[19] ad litora praeceps
   cum fletu[20] precibusque tulit[21]: ›Per sidera testor[22],
600 per superos atque hoc caeli spirabile[23] lumen:
   Tollite me, Teucri, quascumque abducite terras;
602 hoc sat[24] erit. Scio me Danais e classibus unum
   et bello Iliacos fateor petiisse Penatis.
604 Pro quo, si sceleris tanta est iniuria nostri,
   spargite[25] me in fluctus vastoque immergite[26] ponto.
606 Si pereo, hominum manibus periisse iuvabit.‹
   Dixerat et genua[27] amplexus[28] genibusque volutans[29]
608 haerebat. Qui sit fari, quo sanguine cretus,
   hortamur, quae deinde agitet fortuna, fateri.
610 Ipse pater dextram Anchises haud multa moratus
   dat iuveni atque animum[30] praesenti pignore[31] firmat.
612 Ille haec deposita tandem formidine[32] fatur:
   ›Sum patria ex Ithaca, comes infelicis Ulixi,
614 nomine Achaemenides, Troiam genitore[33] Adamasto[34]

---

1 Eōus: *(hier)* Morgenstern
2 ūmēns, ntis: feucht – **3 polus:** Himmel – **4 dīmovēre:** *Leite von* movēre *ab!* – **5 maciēs, ēī** *f.:* Magerkeit – **6 novus:** *(hier)* fremd
7 miserārī: beklagen – **8 respicere:** *(hier)* betrachten – **9 dīrus:** gräßlich – **10 inluviēs** *f.:* Schmutz
11 immissus: lang herabhängend
12 barba: Bart – **13 cōnsertus:** zusammengeheftet – **14 tegimen** *n.:* Decke – **15 spīna:** Dorne
16 habitus, ūs: Kleidung
17 conterritus: *Leite von* terrēre *ab!*
18 gradus, ūs: Schritt – **19 sēsē =** sē – **20 flētus, ūs:** *Leite von* flēre *(Text 8) ab!* – **21 sē ferre:** stürzen

22 testārī + per *m. Akk.: (hier)* beschwören bei etw. – **23 spīrābilis, e:** *(hier)* lebensspendend – **24 sat =** satis – **25 spargere:** werfen
26 immergere: versenken
27 genū, ūs *n.:* Knie – **28 amplectī, amplector, amplexus sum:** umfassen – **29 volūtāre:** wälzen

30 animum firmāre: ermutigen
31 pīgnus, pīgnoris *n.:* Beweis
32 formīdō, dinis *f.:* Furcht
33 genitor, ōris *m.:* Vater
34 Adamastus: *Personenname*

paupere – mansissetque utinam fortuna! – profectus.

616 Hic me, dum trepidi crudelia limina³⁵ linquunt³⁶,
immemores³⁷ socii vasto Cyclopis in antro
618 deseruere. Domus sanie³⁸ dapibusque³⁹ cruentis,
intus opaca, ingens. Ipse arduus altaque pulsat⁴⁰
620 sidera – di talem terris avertite pestem! –
nec visu⁴¹ facilis nec dictu⁴² adfabilis ulli,
622 visceribus⁴³ miserorum et sanguine vescitur⁴⁴ atro.
Vidi egomet, duo de numero cum corpora nostro
624 prensa⁴⁵ manu magna medio resupinus in antro
frangeret ad saxum, sanieque³⁸ aspersa⁴⁶ natarent⁴⁷
626 limina. Vidi, atro cum membra fluentia⁴⁸ tabo⁴⁹
manderet⁵⁰ et tepidi⁵¹ tremerent sub dentibus artus⁵² –
628 haud impune quidem, nec talia passus Ulixes
oblitusve sui est Ithacus discrimine tanto.
630 Nam simul expletus⁵³ dapibus³⁹ vinoque sepultus⁵⁴
cervicem⁵⁵ inflexam⁵⁶ posuit iacuitque per antrum
632 immensus⁵⁷ saniem³⁸ eructans⁵⁸ et frusta⁵⁹ cruento
per somnum commixta mero⁶⁰, nos magna precati
634 numina sortitique⁶¹ vices una undique circum⁶²
fundimur⁶², et telo lumen terebramus⁶³ acuto⁶⁴,
636 ingens quod torva⁶⁵ solum sub fronte latebat,
Argolici clipei aut Phoebeae lampadis⁶⁶ instar⁶⁷,
638 et tandem laeti sociorum ulciscimur⁶⁸ umbras.‹«

35 līmen, līminis *n.*: Schwelle; Wohnung – **36 linquere** = re-linquere – **37 immemor**, oris: *Leite von* memor *(Text 1) ab!* **38 saniēs**, ēī: blutiger Eiter; Geifer – **39 daps**, dapis *f.*: (Fest-)Schmaus – **40 pulsāre**: an etw. stoßen – **41 vīsū**: anzusehen **42 dictū adfābilis**: (mit Worten) ansprechbar – **43 vīscera**, um *n. Pl.*: Eingeweide – **44 vēscī**, vescor: sich ernähren – **45 prēndere**, prēndō, prēndī, prēnsum: ergreifen – **46 aspersus**: bespritzt **47 natāre**: schwimmen – **48 fluere**: ausströmen lassen – **49 tābum**: eitriges Blut – **50 mandere**: kauen – **51 tepidus**: lauwarm **52 artus**, ūs: Glied; Gelenk

53 explētus: satt – **54 sepultus**: berauscht – **55 cervīx**, īcis *f.*: Nacken – **56 īnflectere**, flectō, flexī, flexum: beugen **57 immēnsus**: lang ausgestreckt **58 ēructāre**: ausrülpsen **59 frūstum**: Brocken – **60 merum**: Wein – **61 vicēs sortīrī**: die Plätze auslosen – **62 circum fundī**: sich ringsum herandrängen **63 terebrāre**: durchbohren **64 acūtus**: spitz; scharf **65 torvus**: wild; finster **66 lampas**, adis *f.*: Leuchte **67 īnstar** *m. Gen.*: so groß wie **68 ulcīscī**, ulcīscor: rächen

1 (Vor dem Lesen:) Recherchieren Sie den Hergang der Kyklopengeschichte in der *Odyssee* (z. B. bei G. Schwab, *Sagen des Klassischen Altertums*).

2 (Nach dem Lesen:) Beschreiben Sie die Wirkung des Achaemenides sowie die Reaktion der Troianer auf ihn und die Gründe dafür.

3 Vergleichen Sie diese Darstellung der Kyklopengeschichte mit der der *Odyssee*.

4 (a) Analysieren Sie die Erzählebenen in dieser Textpassage. – (b) Überlegen Sie, warum Vergil die Figur des Achaemenides erfunden hat.

Dido und Aeneas

11. Didos Gefühle (Aen. 4, 1–30; 68–79; 86–89) (B)

Aeneas hat seine Erzählung bei Didos Gastmahl beendet und sich zur Ruhe gelegt.

At regina gravi iamdudum saucia[1] cura
2 vulnus alit venis[2] et caeco[3] carpitur[4] igni.
Multa viri virtus animo multusque recursat
4 gentis honos; haerent infixi[5] pectore vultus
verbaque nec placidam membris dat cura quietem[6].
6 Postera[7] Phoebea lustrabat[8] lampade[9] terras
umentemque[10] Aurora polo[11] dimoverat[12] umbram,
8 cum sic unanimam adloquitur[13] male[14] sana sororem:
»Anna soror, quae me suspensam[15] insomnia terrent!
10 Quis novus hic nostris successit[16] sedibus hospes,
quem sese[17] ore ferens[18], quam forti pectore et armis!
12 Credo equidem, nec vana fides, genus esse deorum.
Degeneres[19] animos timor arguit[20]. Heu[21], quibus ille
14 iactatus fatis! Quae bella exhausta[22] canebat[23]!
Si mihi non animo fixum[24] immotumque sederet[25],
16 ne cui me vinclo vellem sociare iugali[26],
postquam primus amor deceptam morte fefellit;
18 si non pertaesum[27] thalami[28] taedaeque[29] fuisset,
huic uni forsan[30] potui succumbere[31] culpae.
20 Anna – fatebor enim –, miseri post fata Sychaei
coniugis et sparsos[32] fraterna caede penatis
22 solus hic inflexit[33] sensus animumque labantem[34]
impulit. Agnosco[35] veteris vestigia flammae.
24 Sed mihi vel tellus[36] optem prius ima[37] dehiscat[38]
vel pater omnipotens adigat[39] me fulmine[40] ad umbras,
26 pallentis[41] umbras Erebo[42] noctemque profundam[43],
ante[44], pudor, quam te violo aut tua iura resolvo[45].
28 Ille meos, primus qui me sibi iunxit, amores

1 saucius: verwundet – **2 vēna:** Ader – **3 caecus:** unsichtbar **4 carpere:** *(hier)* verzehren **5 īnfixus:** eingeprägt – **6 quiēs, quiētis** *f.*: Ruhe – **7 postera:** *Bezug:* Aurora – **8 lūstrāre:** hell machen **9 lampas, adis** *f.*: Leuchte **10 ūmēns, ntis:** feucht – **11 polus:** Himmel – **12 dīmovēre:** vertreiben – **13 adloquī,** adloquor: anreden – **14 male sānus:** unvernünftig; wahnsinnig

15 suspendere, pendō, pendī, pēnsum: in Ungewissheit lassen **16 succēdere,** cēdō, cessī: *(hier)* eintreten – **17 sēsē** = sē – **18 sē ferre:** *(hier)* sich zeigen **19 dēgener, eris:** unedel; schlecht **20 arguere:** entlarven – **21 heu:** ach! – **22 exhaurīre,** hauriō, hausī, haustum: vollenden; überstehen **23 canere:** *(hier)* erzählen **24 fīxus:** fest – **25 sedet:** *(hier)* es steht fest – **26 iugālis, e:** ehelich **27 pertaesum est** *m. Gen.*: ich bin etw. leid – **28 thalamus:** Ehe(bett) – **29 taeda:** Hochzeit(-sfackel) – **30 forsan:** vielleicht **31 succumbere:** unterliegen; nachgeben – **32 sparsus:** *(hier)* befleckt – **33 īnflectere,** flexī: verändern – **34 labāre:** wanken **35 agnōscere:** wahrnehmen **36 tellūs** *f.*: Erde – **37 īmus:** der tiefste – **38 dehīscere:** sich auftun/ öffnen – **39 adigere:** hinschleudern – **40 fulmen, minis** *n.*: Blitz **41 pallēns:** bleich – **42 Erebō:** im Totenreich – **43 profundus:** untergründlich – **44 ante … quam** = antequam – **45 resolvere:** auflösen abstulit; ille habeat secum servetque sepulcro.«

30 Sic effata⁴⁶ sinum lacrimis implevit⁴⁷ obortis⁴⁸. […]

46 effārī, effor, effātus sum: (aus-)sprechen – **47 implēre**: *(hier)* benetzen – **48 oborīrī**, obortus sum: hervorkommen

Anna ermutigt sie, ihre Liebe zu Aeneas zuzulassen. Die beiden opfern den Göttern und versuchen mit Hilfe von Wahrsagekünsten die Zukunft zu erforschen.

68 Uritur infelix Dido totaque vagatur⁴⁹
urbe furens, qualis coniecta⁵⁰ cerva⁵¹ sagitta⁵²,
70 quam procul incautam⁵³ nemora⁵⁴ inter Cresia⁵⁵ fixit⁵⁶
pastor⁵⁷ agens⁵⁸ telis liquitque⁵⁹ volatile⁶⁰ ferrum
72 nescius⁶¹: Illa fuga silvas saltusque⁶² peragrat⁶³
Dictaeos⁶⁴; haeret lateri letalis⁶⁵ harundo⁶⁶.
74 Nunc media Aenean secum per moenia ducit
Sidoniasque⁶⁷ ostentat⁶⁸ opes urbemque paratam,
76 incipit effari⁴⁶ mediaque in voce resistit.
Nunc eadem⁶⁹ labente⁷⁰ die convivia quaerit,
78 Iliacosque iterum demens⁷¹ audire labores
exposcit⁷² pendetque⁷³ iterum narrantis ab ore. […]
86 Non coeptae⁷⁴ adsurgunt⁷⁵ turres, non arma iuventus
exercet portusve aut propugnacula⁷⁶ bello
88 tuta parant: Pendent⁷⁷ opera interrupta⁷⁸ minaeque⁷⁹
murorum ingentes aequataque⁸⁰ machina caelo.

49 vagārī: umherziehen
50 conicere, -icio, -iēcī, -iectum: hinschleudern, schießen
51 cerva: Hirschkuh – **52 sagitta**: Pfeil – **53 incautus**: arglos
54 nemus, nemoris *n.*: Wald
55 Crēsius: von Kreta – **56 fīgere**, fīgō, fīxī: durchbohren – **57 pāstor**: Hirte – **58 agere**: *(hier)* jagen
59 līquit = relīquit – **60 volātilis**, e: fliegend – **61 nescius**: unwissend
62 saltus, ūs: Schlucht – **63 peragrāre**: durchstreifen – **64 Dictaeus**: kretisch (*vgl.* 70) – **65 lētālis**, e: tödlich – **66 harundō**: Pfeil
67 Sīdōnius: phönizisch
68 ostentāre: (prahlend) zeigen
69 eadem: *(hier)* wieder – **70 lābī**, lābor: sinken – **71 dēmēns**: von Sinnen – **72 expōscere**: verlangen – **73 pendēre** *m. Abl.*: hängen an – **74 coeptus**: begonnen
75 adsurgere: sich erheben
76 prōpūgnāculum: Schutz; Bollwerk – **77 pendēre**: *(hier)* ins Stocken geraten sein (*Die neu gegründete Stadt Karthago wird gerade erst aufgebaut.*) – **78 interruptus**: unterbrochen – **79 minae** *f. Pl.*: Spitzen; Zinnen – **80 aequāta māchina caelō**: himmelhohes Gerüst

1 (a) Beschreiben Sie, wie sich Didos Verliebtheit äußert. – (b) Nennen Sie zentrale Begriffe, mit denen Liebe und ihre Auswirkungen bezeichnet oder beschrieben werden. – (c) Welche Verhaltensweisen Didos sind typische Anzeichen des Verliebtseins?

2 Erklären Sie die Bedeutung von *pudor* in V. 27 mit Hilfe eines Wörterbuchs. Welche Rolle spielt *pudor* in Didos Gefühls- und Gedankenwelt?

3 (a) Zeigen Sie, inwiefern das Gleichnis in V. 69–73 Didos Situation veranschaulicht. – (b) Formulieren Sie eine Hypothese, wie die Liebesgeschichte zwischen Dido und Aeneas weitergeht.

12. Eine Botschaft von Jupiter (Aen. 4, 259–295) (C)

Didos Wunsch ist in Erfüllung gegangen: Sie und Aeneas sind ein Liebespaar. Jupiter schickt Merkur zu Aeneas, um ihn an seine Bestimmung zu erinnern: Aeneas soll in Italien eine neue Heimat suchen.

Ut primum alatis[1] tetigit Magalia plantis[2],
260 Aenean fundantem[3] arces ac tecta novantem[4]
conspicit. Atque illi stellatus[5] iaspide[6] fulva[7]
262 ensis[8] erat Tyrioque ardebat murice[9] laena[10]
demissa[11] ex umeris[12], dives quae munera Dido
264 fecerat, et tenui[13] telas[14] discreverat[15] auro.
Continuo[16] invadit[17]: »Tu nunc Karthaginis altae
266 fundamenta locas[18] pulchramque uxorius urbem
exstruis[19]? Heu[20], regni rerumque oblite[21] tuarum!
268 Ipse deum tibi me claro demittit Olympo
regnator[22], caelum et terras qui numine torquet.
270 Ipse haec ferre iubet celeris mandata per auras:
Quid struis[23]? Aut qua spe Libycis teris otia terris[24]?
272 Si te nulla movet tantarum gloria rerum
nec super[25] ipse tua moliris laude laborem,
274 Ascanium surgentem[26] et spes heredis[27] Iuli
respice, cui regnum Italiae Romanaque tellus[28]
276 debetur.« Tali Cyllenius ore[29] locutus
mortalis[30] visus[31] medio sermone reliquit
278 et procul in tenuem[13] ex oculis evanuit[32] auram.
At vero Aeneas aspectu[33] obmutuit[34] amens[35],
280 arrectaeque[36] horrore[37] comae[38] et vox faucibus[39] haesit.
Ardet abire fuga dulcisque relinquere terras,
282 attonitus[40] tanto monitu imperioque deorum.
Heu, quid agat? Quo nunc reginam ambire[41] furentem[42]
284 audeat adfatu[43]? Quae prima exordia[44] sumat?
Atque animum nunc huc celerem nunc dividit illuc
286 in partisque[45] rapit varias perque omnia versat[46].

1 **ālātus**: geflügelt – 2 **planta**: Fuß(sohle); Schuh – 3 **fundāre**: den Grund v. etw. legen
4 **novāre**: erneuern – 5 **stellātus**: (funkelnd) besetzt – 6 **iaspis**, iaspidis *f.*: Jaspis *(Edelstein)*
7 **fulvus**: gelblich – 8 **ēnsis** *m.*: Schwert – 9 **mūrex**, icis *m.*: Purpur – 10 **laena**: Mantel
11 **dēmissus**: herabhängend 12 **umerus**: Schulter – 13 **tenuis, e**: zart; fein – 14 **tēla**: Gewebe
15 **discernere, cernō, crēvī**: *(hier)* durchwirken, durchziehen
16 **continuō**: gleich darauf
17 **invādere**: *(mit Worten)* angreifen; anfahren – 18 **locāre**: legen
19 **exstruere**: aufbauen
20 **heu**: weh! – 21 **oblīte** *m. Gen.*: der du vergessen hast – 22 **rēgnātor**: *Leite von* regnāre/regnum *ab!* – 23 **struere**: bauen – 24 **ōtium terere**: Zeit vergeuden – 25 **super** *m. Abl.*: *(hier)* wegen – 26 **surgere**: *(hier)* heranwachsen – 27 **hērēs**, hērēdis: Erbe – 28 **tellūs** *f.*: Erde

29 **ōs**, ōris *n.*: *(hier)* Rede; Sprache – 30 **mortālis**: *(hier)* mortalium – 31 **vīsus** = oculōs
32 **ēvānēscere**, ēvānuī: entschwinden
33 **aspectus, ūs**: Anblick
34 **obmūtēscere**, obmūtuī: verstummen – 35 **āmēns**: außer sich
36 **arrēctus**: emporstehend
37 **horror**, ōris *m.*: Schauder; Schrecken – 38 **coma**: Haar
39 **faucēs**, ium *f. Pl.*: Kehle
40 **attonitus**: betäubt; bestürzt
41 **ambīre**: herantreten (an)
42 **furēns**: liebeskrank
43 **adfātus, ūs**: das Anreden; Worte – 44 **exōrdium**: Beginn
45 **pars**: *(hier)* Richtung
46 **versāre**: hin und her wenden

Haec alternanti⁴⁷ potior sententia visa est:
288 Mnesthea Sergestumque vocat fortemque Serestum,
classem aptent⁴⁸/⁴⁹ taciti sociosque ad litora cogant,
290 arma parent et, quae rebus sit causa novandis⁵⁰,
dissimulent⁵¹. Sese⁵² interea, quando optima Dido
292 nesciat et tantos rumpi non speret⁵³ amores,
temptaturum⁵⁴, aditus, et quae⁵⁵ mollissima⁵⁶ fandi
294 tempora, quis rebus dexter⁵⁷ modus. Ocius⁵⁸ omnes
imperio laeti parent et iussa facessunt⁵⁹.

47 alternāre: abwägen; schwanken – **48 aptent ... dissimulent:** *(erg. »und sagt ihnen«)* sie sollen ... – **49 aptāre:** (zu)rüsten
50 novāre: verändern; erneuern
51 dissimulāre: verheimlichen
52 sēsē = sē – **53 spērāre:** *(hier)* ahnen – **54 temptātūrum:** *erg.* esse *(AcI zu »und sagt ihnen«, 289)*
55 quae ... quis: *indirekte Fragen (ergänze* sint/sit) – **56 mollis:** *(hier)* günstig – **57 dexter:** *(hier)* passend; günstig, geschickt
58 ōcius: schnell(er)
59 facessere: mit Eifer tun

Pierre-Narcisse Guérin (1774–1833): Dido und Aeneas (Web Gallery of Art)

1 (a) Beschreiben Sie Stimmung und Tonfall der Rede Merkurs sowie die Reaktion und Gefühle des Aeneas. – (b) Analysieren Sie die Mittel, durch die diese Stimmung und Gefühle bewirkt bzw. verstärkt werden (z. B. Wortwahl, stilistische Mittel, Erzählperspektive).

2 Fassen Sie die Hauptpunkte aus dem Hintergrundwissen über Antonius und Kleopatra (S. 14 f.) in Stichpunkten zusammen und interpretieren Sie anschließend die Textpassage in diesem historischen Zusammenhang: (a) Welche Parallelen könnte der Leser zwischen der aktuellen Lebensweise des Aeneas und dem Verhalten des Marcus Antonius während des Zweiten Triumvirats (↗ S. 14 f.) ziehen? – (b) In welcher Hinsicht unterscheidet sich Aeneas hier von Marcus Antonius?

3 (a) Nennen Sie Argumente, die für und gegen eine Fortsetzung seiner Beziehung zu Dido sprechen. – (b) Bewerten Sie die Forderung der Götter und den Entschluss des Aeneas: Müssen Menschen mit einer Berufung oder »öffentlichen« Aufgabe ihre Pflicht über ihr persönliches Glück stellen?

13. Tragisches Ende (Aen. 4,331–347a; 351–355; 360–375; 381–387; 393–396) (A)

Dido hat mitbekommen, dass sich Aeneas heimlich zur Abfahrt bereit macht. Sie stellt ihn zur Rede und wirft ihm Verrat vor: Seinetwegen habe sie ihr Gelübde gebrochen (vgl. 4, 20–27) und sich die Feindschaft der Nachbarvölker zugezogen.

331 Dixerat. Ille Iovis monitis[1] immota[2] tenebat
lumina et obnixus[3] curam sub corde[4] premebat.
Tandem pauca refert[5]: »Ego te, quae plurima[6] fando[7]
enumerare[8] vales[9], numquam, regina, negabo
335 promeritam[10], nec me meminisse pigebit[11] Elissae,
dum memor ipse mei, dum spiritus[12] hos regit artus[13].
Pro re pauca loquar: Neque ego hanc abscondere[14] furto[15]
speravi (ne finge[16]!) fugam, nec coniugis umquam
praetendi taedas[17] aut haec in[18] foedera[19] veni.
340 Me si fata meis paterentur ducere vitam
auspiciis[20] et sponte mea componere curas,
urbem Troianam primum dulcisque meorum
reliquias[21] colerem, Priami tecta alta manerent[22],
et recidiva[23] manu posuissem Pergama victis.
345 Sed nunc Italiam magnam Gryneus Apollo,
Italiam Lyciae iussere capessere[24] sortes;
hic amor, haec patria est. […]
351 Me patris Anchisae, quotiens umentibus[25] umbris
nox operit[26] terras, quotiens astra[27] ignea[28] surgunt,
admonet[29] in somnis et turbida[30] terret imago;
me puer Ascanius capitisque iniuria cari,
355 quem regno Hesperiae fraudo[31] et fatalibus[32] arvis[33].
[…]
360 Desine meque tuis incendere teque querelis[34];
Italiam non sponte sequor.«
Talia dicentem iamdudum[35] aversa tuetur[36]

---

1 **monita** *n. Pl.:* Mahnungen – 2 **immōtus:** → *mōvēre* – 3 **obnīxus:** standhaft – 4 **cor,** cordis *n.:* Herz – 5 **referre:** *(hier)* erwidern – 6 **plūrimus:** *(hier)* in sehr großer Zahl – 7 **fārī:** sprechen; erzählen – 8 **ēnumerāre:** aufzählen – 9 **valēre** = posse – 10 **prōmeritam:** *ergänze* te … esse (prōmeritum esse: Recht/Anspruch haben auf) – 11 **mē piget:** es erfüllt mich mit Widerwillen – 12 **spīritus:** (Lebens-)Atem – 13 **artūs,** uum: Gliedmaßen – 14 **abscondere:** verbergen – 15 **furtō:** heimlich – 16 **fingere:** (sich aus-)denken – 17 **coniugis taedās praetendere,** tendō, tendī: eine rechtmäßige Ehe beanspruchen – 18 **in:** *drückt hier den Zweck aus* – 19 **foedus,** foederis *n.:* Bündnis – 20 **auspicia** *n. Pl.: (hier)* Wille; Vorhaben – 21 **reliquiae** *f. Pl.:* Reste; Trümmer – 22 **manēre:** *(hier)* noch da sein/bestehen – 23 **recidīvus:** *(hier)* neu erbaut – 24 **capessere** *m. Akk.: (hier)* hinstreben; hineilen – 25 **ūmēre:** feucht sein (vom Tau) – 26 **operīre:** bedecken – 27 **astrum:** Stern – 28 **īgneus:** feurig; glühend – 29 **admonēre:** mahnen; erinnern – 30 **turbidus:** erregt; zornig – 31 **fraudere** *m. Abl.:* (jn.) um etw. betrügen – 32 **fātālis,** e: vom Schicksal bestimmt – 33 **arva** *n. Pl.: (hier)* Land – 34 **querēla:** Klage – 35 **iamdūdum:** schon lange – 36 **tuērī:** betrachten

huc illuc³⁷ volvens oculos totumque pererrat³⁸
luminibus tacitis³⁹ et sic accensa profatur⁴⁰:

365 »Nec tibi diva parens generis nec Dardanus auctor,
perfide⁴¹, sed duris genuit⁴² te cautibus⁴³ horrens⁴⁴
Caucasus Hyrcanaeque admorunt⁴⁵ ubera⁴⁶ tigres⁴⁷.
Nam quid⁴⁸ dissimulo⁴⁹ aut quae me ad maiora⁵⁰
  reservo⁵¹?
Num fletu⁵² ingemuit⁵³ nostro? Num lumina flexit?
370 Num lacrimas victus⁵⁴ dedit⁵⁵ aut miseratus⁵⁶ amantem
  est?
Quae quibus anteferam⁵⁷? Iam iam nec maxima Iuno
nec Saturnius haec oculis pater aspicit aequis.
Nusquam⁵⁸ tuta fides. Eiectum⁵⁹ litore, egentem⁶⁰
excepi et regni demens⁶¹ in parte locavi⁶².
375 Amissam classem, socios a morte reduxi⁶³. […]
I, sequere Italiam ventis, pete regna per undas.
Spero equidem mediis, si quid pia numina possunt,
supplicia hausurum⁶⁴ scopulis⁶⁵ et nomine Dido⁶⁶
saepe vocaturum. Sequar atris ignibus absens
et, cum frigida⁶⁷ mors anima seduxerit⁶⁸ artus⁶⁹,
omnibus umbra locis adero. Dabis, improbe, poenas.
Audiam et haec manis⁷⁰ veniet mihi fama sub imos⁷¹.«
[…]
At pius Aeneas, quamquam lenire⁷² dolentem
solando⁷³ cupit et dictis avertere curas,
multa gemens⁷⁴ magnoque animum labefactus⁷⁵ amore
iussa tamen divum exsequitur⁷⁶ classemque revisit⁷⁷.

37 hūc illūc: hierhin und dorthin – 38 pererrāre: (durch)mustern; (genau) ansehen – 39 tacitus: schweigend – 40 profārī: *leite von fari ab* – 41 perfidus: treulos 42 gignere, gigno, genuī: hervorbringen – 43 **cautēs**, is *f.*: Fels 44 horrēre: rauh/kalt sein 45 admōrunt = admōvērunt (→ movēre) – 46 ūber, eris *n.*: Euter; Zitze – 47 tigris, is *f.*: (weibl.) Tiger – 48 quid: (*hier*): warum – 49 dissimulāre: verbergen (*erg. Objekt: Zorn/Gefühle*) 50 maiōra: *ergänze* Schmerzen/Kränkung – 51 sē reservāre ad: warten auf – 52 flētus, ūs: Weinen – 53 ingemīscere, ingemuī: aufseufzen – 54 vincere: (*hier*) umstimmen; erweichen – 55 lacrimās dare: Tränen vergießen – 56 miserārī *m. Akk.*: bedauern; Mitleid haben mit – 57 quae quibus anteferam: Wo(mit) soll ich anfangen? – 58 nusquam: nirgends 59 ēiectus: vertrieben – 60 egēre: Mangel leiden – 61 dēmēns: wahnsinnig; von Sinnen – 62 in parte locāre *m. Akk. u. Gen.*: jm. (Akk.) Anteil geben an etw. (Gen.)
63 redūcere: (*hier*) retten – 64 supplicia haurīre (hausūrum: *PFA – ergänze* tē): aufs Äußerste büßen 65 scopulus: Stein; Klippe – 66 Dīdō: *hier Akk.* – 67 frīgidus: kalt; eisig 68 sēdūcere *m. Abl.*: trennen (von) 69 artūs: ↗336 – 70 mānēs, ium *m. Pl.*: Seelen; Totengeister – 71 īmus: unterste(r/s); unterirdisch 72 lēnīre: lindern; besänftigen – 73 sōlārī: trösten – 74 gemere: seufzen 75 labefacere: erschüttern; wanken machen – 76 exsequī: ausführen 77 revīsere: besichtigen; nach etw. sehen

1 Stellen Sie zusammenfassend (mit Belegen) dar, welche gegensätzlichen Auffassungen Dido und Aeneas hier von Aeneas' Verpflichtung(en) haben.
2 In V. 384–387 deutet Dido ihren baldigen Tod an. Recherchieren Sie, wie sie in Vergils Erzählung stirbt und welche Auswirkungen das Ende dieser Liebesbeziehung auf spätere Generationen hatte.
3 Recherchieren Sie antike und moderne Definitionen der Gattung ›Tragödie‹ und diskutieren Sie, ob die hier erzählte Liebesgeschichte Eigenschaften einer Tragödie hat.

Kurs auf Italien

14. Ein Wettrennen (Aen. 5, 75–83; 137–171) (B)

Nach seiner Abfahrt von Karthago landet Aeneas zunächst erneut auf Sizilien, wo er genau ein Jahr zuvor seinen Vater Anchises begraben hat. Er kündigt an, eine Gedenkfeier abzuhalten und zu Ehren des Anchises Spiele zu veranstalten.

Ille e concilio[1] multis cum milibus ibat
76 ad tumulum[2] magna medius comitante[3] caterva[4].
Hic duo rite[5] mero[6] libans carchesia[7] Baccho
78 fundit humi[8], duo lacte[9] novo, duo sanguine sacro,
purpureosque iacit flores[10] ac talia fatur:
80 »Salve, sancte parens; iterum salvete, recepti[11]
nequiquam[12] cineres animaeque umbraeque paternae[13].
82 Non licuit finis Italos fataliaque[14] arva[15]
nec tecum Ausonium, quicumque est, quaerere
Thybrim.«

1 **concilium:** Versammlung
2 **tumulus:** Grab(hügel)
3 **comitārī:** begleiten – 4 **caterva:** Schar – 5 **rīte:** wie es Brauch war
6 **merus Bacchus:** reiner Wein
7 **carchēsium:** Becher – 8 **humī:** zu Boden – 9 **lac,** lactis *n.:* Milch
10 **flōs,** flōris *m.:* Blume; Blüte
11 **receptus:** *(hier)* gerettet
12 **nēquīquam:** vergeblich
13 **paternus:** *Leite von* pater *ab!*
14 **fātālis,** e: *Leite von* fātum *(Text 1) ab!* – 15 **arvum:** Gefilde, Gegend

Nun beginnen die Festspiele. Der erste Wettkampf ist eine Regatta.

Intenti exspectant signum, exsultantiaque[16] haurit[17]
138 corda pavor pulsans[18] laudumque arrecta cupido.
Inde ubi clara dedit sonitum tuba, finibus omnes,
140 haud mora, prosiluere[19] suis. Ferit[20] aethera clamor
nauticus; adductis[21] spumant[22] freta[23] versa[24] lacertis[25].
142 Infindunt[26] pariter sulcos[27], totumque dehiscit[28]
convulsum[29] remis[30] rostrisque tridentibus[31] aequor.
144 Non tam praecipites biiugo[32] certamine campum
corripuere[33] ruuntque effusi[34] carcere currus,
146 nec sic immissis[35] aurigae undantia[36] lora[37]
concussere[38] iugis[39] pronique[40] in verbera pendent.
148 Tum plausu fremituque virum studiisque faventum[41]
consonat omne nemus[42], vocemque inclusa volutant[43]
150 litora, pulsati[18] colles[44] clamore resultant[45].

16 **exsultāre:** ausgelassen sein; jubeln – 17 **haurīre:** durchdringen – 18 **pulsāre:** schlagen; klopfen – 19 **prōsilere,** siluī: hervorstürzen – 20 **ferīre:** stoßen; treffen – 21 **adductus:** *(hier)* rudernd
22 **spūmāre:** schäumen – 23 **fretum:** Flut – 24 **versus:** *(hier)* aufgewühlt – 25 **lacertus:** (Ober-)Arm
26 **īnfindere:** einschneiden
27 **sulcus:** Furche – 28 **dehīscere:** aufklaffen –29 **convulsus:** zerrissen – 30 **rēmus:** Ruder – 31 **tridēns rōstrum:** dreizackiger Schiffsschnabel
32 **biiugum certāmen:** Wettrennen m. Zweigespannen – 33 **corripere,** corripuī: *(hier)* herfallen über
34 **effūsus:** losgelassen – 35 **immittere,** mīsī, missum: losschicken
36 **undāre:** wogen – 37 **lōrum:** Zügel – 38 **concutere,** cussī: schütteln – 39 **iugum:** Pferdegespann
40 **prōnus:** vorwärts geneigt
41 **favēns:** Anhänger – 42 **nemus** *n.:* Wald – 43 **volūtāre:** verbreiten
44 **collis,** is *m.:* Hügel – 45 **resultāre:** widerhallen

Adjektivsteigerung – talis, quicumque, ac, abire

Effugit ante alios primisque elabitur⁴⁶ undis
152 turbam inter fremitumque Gyas; quem deinde
Cloanthus
consequitur, melior remis²⁹, sed pondere⁴⁷ pinus⁴⁸
154 tarda⁴⁹ tenet. Post hos aequo discrimine⁵⁰ Pristis
Centaurusque locum tendunt superare priorem.
156 Et nunc Pristis habet, nunc victam⁵¹ praeterit ingens
Centaurus, nunc una ambae iunctisque feruntur⁵²
158 frontibus et longa sulcant⁵³ vada⁵⁴ salsa⁵⁵ carina⁵⁶.
Iamque propinquabant scopulo⁵⁷ metamque⁵⁸ tene-
160 bant⁵⁹,
cum princeps medioque Gyas in gurgite⁶⁰ victor
162 rectorem⁶¹ navis compellat⁶² voce Menoeten:
»Quo tantum mihi dexter abis? Huc derige⁶³ cursum;
164 litus ama⁶⁴, et laeva⁶⁵ stringat⁶⁶ sine palmula cautes⁶⁷;
altum alii teneant⁶⁸.« Dixit, sed caeca Menoetes
166 saxa timens proram⁶⁹ pelagi⁷⁰ detorquet⁷¹ ad undas.
»Quo diversus abis?«, iterum: »Pete saxa, Menoete!«
168 cum clamore Gyas revocabat, et ecce Cloanthum
respicit instantem⁷² tergo et propiora⁷³ tenentem.
170 Ille inter navemque Gyae scopulosque⁵⁷ sonantis⁷⁴
radit⁷⁵ iter laevum interior⁷⁶ subitoque priorem
praeterit⁷⁷ et metis⁵⁸ tenet⁵⁹ aequora tuta relictis.

46 ēlābī, ēlābor: herausgleiten
47 pondus, ponderis *n.*: Gewicht
48 pīnus *f.*: Fichte; Schiff
49 tardus: langsam
50 discrīmen, minis *n.*: Abstand
51 victam (156): erg. Bezug: navem – **52 ferrī** (*Pass.*): eilen
53 sulcāre *m. Akk.*: Furchen ziehen in – **54 vadum**: Gewässer
55 salsus: salzig – **56 carīna**: Kiel
57 scopulus: Felsen – **58 mēta**: Wendemarke – **59 tenēre**: (*hier*) hingelangen – **60 gurges**, gurgitis *m.*: Strudel – **61 rēctor** *m.*: Leite von regere (Text 3) ab!
62 compellāre: ansprechen
63 dērigere: lenken – **64 amāre**: (*hier*) sich eng halten an – **65 laevā palmulā**: linkes Ruder – **66 stringat sine**: lass ... streifen
67 cautēs, is *f.*: Fels – **68 tenēre**: (*hier*) hinfahren – **69 prōra**: Bug, (Vorderteil des Schiffs) – **70 pelagus**: Meer – **71 dētorquēre**: wegdrehen – **72 īnstāre**: herandrängen – **73 propiōra tenēre**: näher herankommen – **74 sonāre**: rauschen; dröhnen – **75 rādit iter laevum**: fährt links vorbei und streift – **76 interior**: weiter innen
77 praeterīre *m. Akk.*: vorbeigehen an

1 Gliedern Sie beide Textpassagen in Abschnitte mit passenden Überschriften.

2 (a) Welche typischen Merkmale eines sportlichen Wettkampfes enthält die Schilderung in 137–171? – (b) Vergleichen Sie die Gedenkfeier und den Wettkampf mit entsprechenden Veranstaltungen heutiger Zeit.

3 Untersuchen Sie die Versstruktur in V. 151–161 (Verteilung langer und kurzer Silben; Verteilung der Sätze auf einzelne Verse ↗ S. 19; 90) und erklären Sie deren Wirkung und Verbindung zum Inhalt.

4 Könnten Sie sich vorstellen, zu einem Begräbnis oder einer Gedenkfeier sportliche Wettkämpfe zu veranstalten? Begründen Sie Ihre Antwort.

15. In der Unterwelt (Aen. 6, 548–584) (B)

Aeneas hat die Anweisung erhalten, seinen Vater Anchises im Totenreich aufzusuchen. In Italien angekommen, wagt er mit Hilfe der Seherin Sibylle den Weg in die Unterwelt. Doch bevor sie Anchises in den Wohnsitzen der Seligen finden, müssen sie an etlichen grausigen Orten vorbei.

548 Respicit Aeneas subito et sub rupe[1] sinistra
moenia lata videt triplici[2] circumdata muro,
550 quae rapidus flammis ambit[3] torrentibus[4] amnis[5],
Tartareus Phlegethon, torquetque sonantia[6] saxa.
552 Porta adversa ingens solidoque adamante[7] columnae[8],
vis ut nulla virum, non ipsi exscindere[9] bello
554 caelicolae[10] valeant. Stat ferrea[11] turris ad auras,
Tisiphoneque sedens palla[12] succincta[13] cruenta[14]
556 vestibulum exsomnis[15] servat noctesque diesque.
Hinc exaudiri[16] gemitus et saeva sonare[6]
558 verbera, tum stridor[17] ferri tractaeque catenae.
Constitit Aeneas strepitumque[18] exterritus hausit[19].
560 »Quae scelerum facies[20], o virgo, effare[21], quibusve
urgentur[22] poenis? Quis tantus plangor[23] ad auras?«
562 Tum vates sic orsa loqui: »Dux inclute[24] Teucrum,
nulli fas[25] casto[26] sceleratum insistere[27] limen[28];
564 sed me cum lucis[29] Hecate praefecit[30] Avernis,
ipsa deum poenas docuit perque omnia duxit.
566 Cnosius haec Rhadamanthus habet durissima regna
castigatque auditque dolos subigitque[31] fateri,
568 quae quis[32] apud superos furto[33] laetatus[34] inani
distulit in seram commissa piacula[35] mortem.
570 Continuo[36] sontis[37] ultrix[38] accincta[39] flagello
Tisiphone quatit[40] insultans[41], torvosque[42] sinistra
572 intentans[43] anguis[44] vocat agmina saeva sororum.

1 rūpēs, is *f.*: Felswand – 2 triplex, triplicis: dreifach – 3 ambīre: herumgehen – 4 torrēns: heiß
5 amnis *m.*: Fluß – 6 sonāre: (er-)tönen; donnern – 7 adamās, adamantis *m.*: Eisen – 8 columna: Säule – 9 exscindere: zerstören
10 caelicola: Himmelsbewohner
11 ferreus: eisern – 12 palla: Mantel – 13 succingere, cīnxī, cīnctum: umgürten – 14 cruentus: blutig – 15 exsomnis: ohne zu schlafen

16 exaudīre: deutlich hören
17 strīdor: klirren – 18 strepitus: Getöse – 19 haurīre: vernehmen
20 faciēs, ēī *f.: (hier)* Art
21 effāre: sprich! – 22 urgērī: erleiden – 23 plangor: Wehklagen – 24 inclutus: ruhmreich
25 fās est: es ist gestattet
26 castus: rein, unschuldig
27 īnsistere: hintreten – 28 līmen: Schwelle – 29 lūcus: Hain
30 praeficere, fēcī *m. Dat.:* über etw. setzen

31 subigere: zwingen – 32 quis = aliquis – 33 furtum: Diebstahl
34 laetārī: sich freuen (an)
35 piāculum: Verbrechen
36 continuō: sogleich – 37 sōns, sontis: Übeltäter – 38 ultrīx: Rächerin – 39 accīnctus: umgürtet – 40 quatere: schlagen; treiben – 41 īnsultāre: springen auf
42 torvus: wild – 43 intentāre: drohend ausstrecken – 44 anguis, is *m.*: Schlange

Tum demum horrisono⁴⁵ stridentes⁴⁶ cardine⁴⁷ sacrae
panduntur⁴⁸ portae. Cernis, custodia⁴⁹ qualis
vestibulo sedeat, facies⁵⁰ quae limina servet:
Quinquaginta atris immanis hiatibus⁵¹ Hydra
saevior intus habet sedem. Tum Tartarus ipse
bis⁵² patet in praeceps tantum tenditque sub umbras
quantus ad aetherium⁵³ caeli suspectus⁵⁴ Olympum.
Hic genus antiquum Terrae, Titania⁵⁵ pubes,
fulmine deiecti⁵⁶ fundo⁵⁷ volvuntur in imo.

45 horrisonus: schrecklich dröhnend – **46 strīdēre:** knarren
47 cardō, cardinis *m.:* Türangel
48 pandere: öffnen – **49 custōdia quālis:** ↗ S. 21 B12 – **50 faciēs** *f.:* Gestalt – **51 hiātus,** ūs: Rachen
52 bis in praeceps: zweimal so tief – **53 aetherius:** himmlisch
54 suspectus *m.* Gen.: Blick hinauf zu – **55 Titānia pūbēs:** das Volk der Titanen – **56 dēiectus:** herabgeschleudert
57 fundus: Grund; Boden

Jan Brueghel: Aeneas und die Sibylle in der Unterwelt um 1600 (akg-images)

1   Stellen Sie fest, was Aeneas in diesem Teil der Unterwelt sieht und hört.
2   Erstellen Sie ein Sachfeld zum Thema »Unterwelt« (Substantive, Adjektive und Verben, die Ihnen charakteristisch erscheinen).
3   Listen Sie alles auf, was diese Szene grausig wirken lässt.
4   Überlegen Sie, ob das Bild die hier beschriebene Szene darstellen kann.
5   Recherchieren Sie die Geschichten der »klassischen« Unterweltbüßer Tantalus, Sisyphus, Tityos, Ixion und der Danaiden. Stellen Sie die Autoren/Werke (mit Gattungszugehörigkeit), in denen von ihnen berichtet wird, zusammen und präsentieren Sie Ihre Ergebnisse.

Hintergrundinformation: Das Goldene Zeitalter

In der Antike war die Vorstellung, dass es verschiedene Weltzeitalter (Abschnitte der Weltgeschichte) gab, die sich hauptsächlich durch den Charakter und die Lebensweise der Menschen voneinander unterschieden, weit verbreitet.

1. Vergil, Aeneis 8, 314–327 (Prosa-Übersetzung)

Euander (vgl. Text 20) führt seinen Gast Aeneas zu dem Ort, an dem später Rom entstehen wird. Dabei erzählt er ihm von der Vergangenheit der Region:

»Diese Wälder bewohnten einst Faune und Nymphen und ein Menschengeschlecht, aus Stämmen und hartem Eichenholz geboren, die weder Sitte hatten noch Kultur und nicht wussten, wie man Stiere ins Joch spannt oder Ertrag sammelt oder Erworbenes sparsam verbraucht. Sondern Baumfrüchte und Jagd ernährten sie – eine mühsame Lebensweise.
5 Zuerst kam Saturnus vom himmlischen Olympus, als er vor den Waffen Jupiters floh, verbannt und seines Reichs beraubt. Er sammelte das rohe, in den hohen Bergen verstreute Volk und gab ihm Gesetze und nannte das Land ›Latium‹, da er sich an diesen Küsten, in Sicherheit lebend, verbarg (lat. ›latuisset‹). Unter seiner Herrschaft entstand das Zeitalter, das man das Goldene nennt. So lenkte er die Völker in ruhigem Frieden, bis allmählich
10 ein schlechteres, entartetes Zeitalter mit Kriegsrasen und Habgier an seine Stelle trat. …«

2. Ovid, Metamorphosen 1, 89–150: Der Beginn der Weltgeschichte

Ovid schrieb dieses Werk zwar erst nach Vergils Tod, doch seine Darstellung fasst eine ganze Reihe von Einzelheiten zusammen, die auch in früheren Darstellungen des Weltzeitaltermythos zu finden sind.

Zuerst entstand das goldene Zeitalter, das ohne Rächer von sich aus, ohne Gesetz, Treue und Recht übte. Strafe und Furcht gab es nicht, noch las man drohende Worte an aufgehängten Erztafeln, noch fürchtete die flehende Menge die Worte ihres Richters, sondern sie lebten ohne Beschützer in Sicherheit. Noch war die Fichte nicht von ihren Bergen in
5 die strömenden Wellen hinabgestiegen, um (als Schiff) eine fremde Welt zu besuchen, und die Sterblichen kannten keine Küsten außer ihren eigenen. Noch umgaben keine tiefen Gräben die Städte, es gab keine Trompete aus geradem, kein Horn aus gebogenem Erz, keine Helme, kein Schwert: Ohne Kriege zu benötigen verbrachten die Völker ruhige Zeiten in Sicherheit. Auch die Erde selbst gab, frei und unberührt von der Hacke und von
10 keinen Pflugscharen verletzt, alles von selbst; und zufrieden mit den Speisen, die ohne Zwang hervorgebracht wurden, sammelten sie Früchte vom Erdbeerbaum und Erdbeeren aus den Bergen, Kornelkirschen und in dornigen Sträuchern hängende Brombeeren und Eicheln, die vom breiten Baum des Jupiter herabgefallen waren. Es herrschte ewiger Frühling, und sanfte Westwinde strichen mit lauwarmen Lüften über Blumen, die ohne Samen
15 hervorgekommen waren. Bald trug die Erde auch Feldfrüchte, ohne gepflügt worden zu

sein, und ohne wieder umgegraben worden zu sein, war der Acker weiß von vollen Ähren. Bald flossen Flüsse von Milch, bald Flüsse von Nektar, und von der grünenden Eiche tropfte goldgelber Honig.

Nachdem die Welt unter Jupiters Herrschaft gekommen war, da Saturn in den dunklen Tartarus geworfen war, folgte das silberne Geschlecht, schlechter als Gold, doch kostbarer als rötliches Erz (Bronze). Jupiter verkürzte die Zeit des alten Frühlings und in vier Zeiträumen führte er das Jahr durch Winter und Gluthitze, unbeständigen Herbst und einen kurzen Frühling. Damals glühte zum ersten Mal die Luft, verbrannt von trockener Hitze, und hing Eis herab, in den Winden erstarrt; damals traten die Menschen zuerst in Behausungen ein, die Behausungen waren Höhlen und dichte Sträucher und mit Rinde umwundene Zweige. Damals wurden zum ersten Mal Getreidesamen in langen Furchen vergraben, und es stöhnten, vom Joch niedergedrückt, die jungen Stiere.

Als drittes folgte das bronzene Geschlecht, der Anlage nach grimmiger und schneller bereit, nach schrecklichen Waffen zu greifen, jedoch nicht verbrecherisch.

Von hartem Eisen ist das letzte (Geschlecht): Sofort bricht in das Zeitalter von schlechterem Metall jeder Frevel hinein: Es flohen Ehrgefühl und Treue; an deren Stelle treten Betrug und Täuschung, Hinterhalt und Gewalt und verbrecherische Habgier. Sie hissten Segel, doch noch kannte der Seemann die Winde nicht gut, und die Kiele, die früher (als Bäume) auf den hohen Bergen gestanden hatten, sprangen umher auf den unbekannten Fluten. Den Ackerboden, der vorher Gemeingut war wie das Licht der Sonne und die Luft, zeichnete der aufmerksame Feldmesser mit langem Grenzstrich. Und nicht nur Saaten und notwendige Nahrung forderte man vom ergiebigen Boden, sondern man ging in das Innerste der Erde und grub die Reichtümer aus, die sie verborgen und zu den Schatten der Unterwelt gebracht hatte, ein Anreiz zum Bösen. Und schon war schädliches Eisen und, noch schädlicher als Eisen, Gold zu Tage gekommen, hervor kommt der Krieg, der mit beidem (Eisen und Gold) kämpft und in der blutigen Hand dröhnende Waffen schwingt. Man lebt vom Raub: Der Gast ist vor dem Gastfreund nicht sicher, nicht der Schwiegervater vor dem Schwiegersohn, auch Eintracht unter Brüdern ist selten. Der Mann trachtet seiner Gattin nach dem Leben, jene ihrem Ehemann; trübes Gift mischen, Schrecken erregend, die Stiefmütter; der Sohn forscht schon vor der Zeit nach den Lebensjahren des Vaters: Besiegt liegt Liebe und Pflichtgefühl *(pietas)*, und als letzte der Himmlischen hat Astraea *(Göttin der Gerechtigkeit)* die von Mord triefende Erde verlassen.

1 Vergleichen Sie diese beiden Weltzeitalter-Darstellungen.
2 Stellen Sie die Eigenschaften der Goldenen Zeit denen der Eisernen Zeit gegenüber (Text 2: Ovids Metamorphosen).
3 Überlegen Sie, inwiefern man Phasen der römischen Geschichte zur Zeit Vergils (↗ S. 14 f.) mit der Goldenen oder der Eisernen Zeit vergleichen könnte.

16. Eine glorreiche Zukunft (Aen. 6,760–766; 788–805; 826–841; 847–853) (C)

In den Elysischen Gefilden findet Aeneas seinen Vater. Anchises erklärt ihm das Wesen der Welt und zeigt ihm die Zukunft seiner Nachkommen:

760 »Ille – vides – pura[1] iuvenis qui nititur hasta[1],
proxima sorte[2] tenet lucis loca, primus ad auras
762 aetherias[3] Italo commixtus[4] sanguine surget,
Silvius, Albanum nomen, tua postuma[5] proles[6],
764 quem tibi longaevo[7] serum Lavinia coniunx
educet silvis regem regumque parentem,
766 unde genus Longa nostrum dominabitur[8] Alba.[…]
788 Huc geminas[9] nunc flecte[10] acies[11], hanc aspice gentem
Romanosque tuos. Hic Caesar et omnis Iuli
790 progenies[12] magnum caeli ventura sub[13] axem[14].
Hic vir, hic est, tibi quem promitti saepius audis,
792 Augustus Caesar, divi[15] genus[16], aurea condet
saecula qui rursus Latio regnata[17] per arva[18]
794 Saturno[19] quondam. Super et Garamantas et Indos
proferet imperium; iacet extra sidera tellus[20],
796 extra anni solisque vias, ubi caelifer[21] Atlas
axem[14] umero[22] torquet stellis[23] ardentibus[24] aptum[25].
798 Huius in adventum iam nunc et Caspia regna
responsis[26] horrent divum et Maeotia tellus[20],
800 et septemgemini[27] turbant[28] trepida[29] ostia[30] Nili.
Nec vero Alcides tantum telluris[31] obivit[32],
802 fixerit[33] aeripedem[34] cervam[35] licet[36], aut Erymanthi
pacarit[37] nemora[38] et Lernam tremefecerit[39] arcu[40],
804 nec, qui pampineis[41] victor iuga[42] flectit habenis[43],
Liber agens celso[44] Nysae de vertice[45] tigris[46]. […]
826 Illae[47] autem, paribus quas fulgere[48] cernis in armis,
concordes[49] animae nunc et dum nocte premuntur,
828 heu[50] quantum inter se bellum, si lumina vitae

1 **pūra hasta:** Lanzenschaft
2 **sorte:** durch das Los – 3 **aetherius:** der Oberwelt – 4 **commixtus:** vermischt – 5 **postumus:** nach deinem Tod geboren – 6 **prōlēs** *f.*: Nachkomme – 7 **longaevus:** hochbetagt – 8 **dominārī:** herrschen
9 **geminus:** doppelt; zweifach
10 **flectere:** hinlenken – 11 **aciēs:** *(hier)* Auge – 12 **prōgeniēs** *f.*: Nachkommenschaft – 13 **sub:** *(hier)* hinauf zu – 14 **axis, is** *m.*: (Himmels-)Achse; Gewölbe
15 **dīvus:** der Göttliche – 16 **genus:** *(hier)* Nachkomme – 17 **regnāre:** (be)herrschen – 18 **arvum:** Feld
19 **Sāturnō:** von Saturn – 20 **tellūs:** Land – 21 **caelifer:** den Himmel tragend – 22 **umerus:** Schulter
23 **stēlla:** Stern – 24 **ārdēns:** *(hier)* funkelnd – 25 **aptus:** *(hier)* geschmückt – 26 **respōnsum dīvum:** Götterspruch; Orakel – 27 **septemgeminus:** siebenarmig
28 **turbāre:** *(hier)* in Unruhe sein
29 **trepidus:** ängstlich
30 **ōstium:** Mündung – 31 **tellūs, ūris** *f.*: Erde – 32 **obīre:** besuchen; bereisen – 33 **fīgere,** fīgō, fīxī, fīxum: durchbohren; fesseln
34 **aeripēs, pedis:** schnellfüßig
35 **cerva:** Hirschkuh *(hier: die Kerynitische Hirschkuh, die die Felder Arkadiens verwüstete)*
36 **licet** *m. Konj.*: wenn auch
37 **pācārit** = pācāverit (pācāre: befrieden; sicher machen) – 38 **nemus, oris** *n.*: Wald – 39 **tremefacere:** erzittern lassen – 40 **arcus:** Bogen – 41 **pampineus:** aus Weinlaub – 42 **iugum:** Gespann
43 **habēna:** Zügel – 44 **celsus:** hochragend – 45 **vertex, icis** *m.*: Gipfel – 46 **tigris, is** *m./f.*: Tiger
47 **illae** *ergänze Bezug:* animae
48 **fulgēre:** glänzen – 49 **concors, concordis:** einträchtig – 50 **heu:** weh!

attigerint, quantas acies⁵¹ stragemque⁵² ciebunt⁵³,
830 aggeribus⁵⁴ socer⁵⁵ Alpinis⁵⁶ atque arce Monoeci
descendens, gener⁵⁷ adversis instructus Eois⁵⁸!
832 Ne, pueri, ne tanta⁵⁹ animis adsuescite⁶⁰ bella
neu patriae validas⁶¹ in viscera⁶² vertite viris⁶³;
834 tuque prior, tu parce, genus qui ducis⁶⁴ Olympo,
proice tela manu, sanguis meus!
836 Ille triumphata⁶⁵ Capitolia ad alta Corintho
victor aget currum caesis insignis⁶⁶ Achivis.
838 Eruet⁶⁷ ille Argos Agamemnoniasque Mycenas
ipsumque Aeaciden, genus armipotentis⁶⁸ Achilli,
840 ultus⁶⁹ avos Troiae templa et temerata⁷⁰ Minervae.
Quis te, magne Cato, tacitum aut te, Cosse, relinquat?
[...]
Excudent⁷¹ alii spirantia⁷² mollius aera⁷³
848 – credo equidem –, vivos ducent de marmore⁷⁴ vultus,
orabunt⁷⁵ causas melius caelique meatus⁷⁶
850 describent⁷⁷ radio⁷⁸ et surgentia sidera dicent.
Tu regere imperio populos, Romane, memento⁷⁹
852 – hae tibi erunt artes – pacique imponere morem,
parcere subiectis et debellare⁸⁰ superbos.«

51 aciēs: Schlacht – **52 strāgēs,** is f.: Vernichtung – **53 ciēre:** beginnen; erregen – **54 agger:** (An-)Höhe – **55 socer:** Schwiegervater *(Pompeius war mit Caesars Tochter verheiratet gewesen)* – **56 Alpīnus:** der Alpen **57 gener:** Schwiegersohn – **58 Ēōus:** östlich, im Osten – **59 tanta animīs bella** = tantīs animōs bellīs – **60 adsuēscere:** gewöhnen an – **61 validus:** stark – **62 vīscera** (n. Pl.): Eingeweide – **63 vīris** = vīrēs
64 dūcere: *(hier)* herleiten
65 triumphāre: völlig besiegen
66 īnsīgnis, e: berühmt
67 ēruere: zerstören – **68 armipotēns:** waffenmächtig
69 ulcīscī, ulcīscor, ultus sum: rächen – **70 temerāre:** entweihen *(bei der Einnahme Troias hatte Aiax Kassandra im Tempel Athenes vergewaltigt)* – **71 excūdere:** formen – **72 spīrāre:** (scheinbar) atmen – **73 aera** (n. Pl.): Stauen aus Erz – **74 marmor,** oris n.: Marmor – **75 causās ōrāre:** Gerichtsreden halten – **76 meātus,** ūs: Bahn – **77 dēscrībere:** aufzeichnen
78 radius: Stab – **79 mementō** m. Inf.: denke daran (zu …)
80 dēbellāre: im Krieg besiegen

1 (a) Erklären Sie in eigenen Worten den Unterschied zwischen den *alii* und den Römern in V. 847–852. Achten Sie dabei auf die Bedeutung der vorkommenden Verbformen. – (b) Erklären Sie, was mit *morem* (V. 852) und wer mit *superbos* (V. 853) gemeint ist.

2 Erläutern Sie, wie Vergil in der *Aeneis* die Vorstellung, dass unter Augustus ein neues Goldenes Zeitalter (↗ S. 54 f.) entsteht, unterstützt. Berücksichtigen Sie dazu auch bisher gelesene Texte (z. B. Text 2–4).

3 Stellen Sie die hier präsentierte Sichtweise der Herrschaft Roms und des Augustus derjenigen gegenüber, die man den Paralleltexten des Tacitus (↗ S. 58 f.) entnehmen kann.

4 Nehmen Sie Stellung zu dem Bild, das die *Aeneis* von Rom und seiner Rolle in der Weltgeschichte zeichnet (vgl. Aufg. 1–3). Ist es vertretbar, ein literarisches Werk in den Dienst der Politik zu stellen?

Der Prinzipat im Urteil des Tacitus

kursive Schrift in Klammern:
Anmerkungen und Erläuterungen, die nicht in den Tacitus-Texten stehen

Text 1: Tacitus, *Annalen* 1, 1–4 (Auszüge)

Erfolg und Missgeschick des römischen Volkes in alter Zeit sind von berühmten Schriftstellern berichtet worden. Auch für die Darstellung des Zeitalters des Augustus fehlte es nicht an hervorragenden Talenten, bis sie von der zunehmenden Schmeichelei abgeschreckt wurden. […] Als es nach dem Tod des Brutus und Cassius kein Heer der Republik mehr gab,
5 Pompeius bei Sizilien überwältigt, Lepidus seiner Macht beraubt, Antonius getötet worden war und selbst der julianischen Partei kein anderer Anführer mehr als Caesar *(d. h. Octavianus)* blieb, da legte dieser den Titel eines Triumvirn ab, erklärte, er sei nur Konsul und zum Schutz des Volkes mit der tribunizischen Gewalt[1] zufrieden. Als er dann die Soldaten durch Geschenke, das Volk durch die Getreideversorgung, alle durch die Annehmlichkeit
10 der Ruhe für sich eingenommen hatte, stieg er allmählich auf und zog die Aufgaben des Senats, der Beamten und der Gesetze an sich, ohne dass irgendjemand Widerstand leistete. Denn die Mutigsten waren in den Schlachten oder durch Proskription[2] gefallen, und die übrigen der Nobilität … wurden durch Güter und Ehrenämter ausgezeichnet […], und so war ihnen die Sicherheit der Gegenwart lieber als die gefahrvollen Verhältnisse der
15 Vergangenheit. […]

(Als Augustus bereits alt war:) In Rom war die Lage ruhig; die Namen der Beamten waren dieselben; die Jüngeren waren nach dem Sieg bei Actium, und selbst die meisten Alten waren während der Bürgerkriege geboren. Wie wenige waren noch übrig, die die Republik gesehen hatten! Daher gab es, nachdem sich so die Lage des Staates verändert hatte,
20 nirgends noch etwas von alter und unverdorbener Sitte. Alle achteten, da die Gleichheit *(der Bürger)* aufgehoben war, auf die Befehle des Princeps *(d. h. Augustus),* ohne Furcht für die Gegenwart, so lange Augustus in tatkräftigem Alter sich, sein Haus und den Frieden aufrechterhielt. Als aber sein schon fortgeschrittenes Alter auch noch durch einen kranken Körper geschwächt wurde, als sein Ende nahte und neue Hoffnungen aufkamen, sprachen
25 nur wenige von den Vorzügen der Freiheit – ohne Erfolg. Mehr Menschen befürchteten einen Krieg, andere wünschten ihn. Der bei weitem größte Teil sprach überall mit verschiedenartigen Gerüchten über die nun bevorstehenden Herrscher.

---

1 Tribunizische Gewalt: die Amtsvollmachten eines Volkstribunen
2 Proskription: offizielle Ächtung – die geächteten Personen wurden auf eine öffentliche Liste geschrieben, ihr Vermögen wurde durch den Staat eingezogen und sie selbst konnten straffrei von jedermann getötet werden.

Römischer Imperialismus aus der Sicht der Unterworfenen

Text 2: Tacitus, *Agricola* 30–32 (Auszüge)

Rede des kaledonischen Anführers Calcagus, vor der Schlacht gegen das römische Heer, das auf einem Eroberungsfeldzug in Kaledonien (heute: Schottland), dem noch nicht von den Römern beherrschten Teil Britanniens, ist.

»Wenn ich die Gründe des Krieges und unsere Notlage betrachte, hege ich große Zuversicht, dass der heutige Tag und eure Einmütigkeit der Anfang der Freiheit für ganz Britannien sein wird. […] Jetzt erstreckt sich vor uns die Grenze Britanniens, und alles Unbekannte gilt als großartig. Aber es gibt jenseits von hier kein anderes Volk, nichts außer Wellen und
5 Felsen und – noch bedrohlicher als diese – die Römer, deren Hochmut (*superbia*) man vergeblich durch Fügsamkeit und Bescheidenheit zu entrinnen versucht. Als Räuber der Welt durchforsten sie, nachdem den alles Verwüstenden die Länder ausgingen, nun das Meer – habgierig, wenn der Feind reich, ruhmsüchtig, wenn er arm ist. Nicht der Osten, nicht der Westen hat sie sättigen können; als einzige von allen Menschen begehren sie
10 reiche und arme Gebiete mit gleicher Leidenschaft. Stehlen, Morden, Rauben nennen sie mit falscher Bezeichnung ›Herrschaft‹, und wo sie eine menschenleere Gegend schaffen, nennen sie es ›Frieden‹. […] Unsere Gattinnen und Schwestern werden, selbst wenn sie ihrer Gier als Feinde entkommen sind, von ihnen nun, da sie sich Freunde und Gäste nennen, geschändet. Güter und Vermögen werden zum Tribut, der jährliche Ertrag des Ackers zur
15 Getreideabgabe, die Leiber selbst und Hände unter Schlägen und Beschimpfungen dazu verbraucht, Wälder und Sümpfe gangbar zu machen. Zur Sklaverei geborene Leibeigene werden nur einmal verkauft und werden außerdem von ihren Herren ernährt. Britannien erkauft sich eine Knechtschaft täglich, nährt sie täglich. […] Und so wie in einer Hausgemeinschaft gerade die neuesten Sklaven auch von den Mitsklaven verspottet werden,
20 so werden wir, als Neulinge in einer alten Knechtschaft, in diesem Erdkreis bis zur Vernichtung angegriffen. […] Oder glaubt ihr, die Römer verfügten im Krieg gleichermaßen über Tapferkeit wie über Zügellosigkeit im Frieden? Unsere Streitigkeiten und Uneinigkeit verkehren sie – ruhmreich durch die Fehler ihrer Feinde – in Ruhm für ihr Heer, das zusammengezogen ist aus verschiedensten Völkern und sich durch Misserfolge auflösen
25 wird, so wie es durch Erfolge zusammengehalten wird. Es sei denn, ihr glaubt, dass Gallier, Germanen, und – man schämt sich, es auszusprechen – Britannier durch Zuneigung und Treue gebunden seien! Furcht und Schrecken sind schwache Liebesbande. Nimm sie weg, und die Menschen, die zu fürchten aufgehört haben, werden zu hassen beginnen. Jeder Anreiz zum Sieg ist auf unserer Seite. […] Geht ihr also nun in die Schlacht, so denkt an
30 eure Ahnen und Nachfahren!«

Aeneas in Latium

Das Heirats-Arrangement: ein »Rollenspiel«

Aeneis, Buch 7: In Laurentum, der Hauptstadt Latiums, werden die Troianer von König Latinus empfangen. Seine Tochter Lavinia wird von vielen italischen Männern umworben, allen voran von dem Rutulerfürsten Turnus. Doch aufgrund einer Weissagung, dass Lavinia einen Mann aus der Fremde heiraten soll, schließt Latinus ein Bündnis mit Aeneas. Sie kommen überein, dass Aeneas Lavinia heiraten wird.

Stellen Sie sich folgende Situation vor, die es in Vergils Epos so nicht gibt: Latinus, Amata, Lavinia und Aeneas sitzen am Hof des Latinerkönigs beisammen und sprechen über die bevorstehende Hochzeit. Da erscheint Turnus und will Latinus umstimmen, Lavinia doch mit ihm und nicht mit Aeneas zu verheiraten.

Rollenkarten

Latinus

Er ist der König der Latiner und hat eine Tochter (Lavinia), keinen Sohn.

Er plant, seine Tochter mit dem fremden Neuankömmling aus Troia zu verheiraten, weil er dem Willen der Götter folgen will: Er hat einst eine Weissagung erhalten, dass für Lavinia ein Ehemann aus der Fremde, nicht aus Italien, vorherbestimmt sei. Beim ersten Treffen zwischen Troianern und Latinern kam der Vorschlag für die Heirat zwischen Aeneas und Lavinia von ihm, nicht von Aeneas.

Er ist alt, hat ein ruhiges Gemüt und regiert die Latiner schon seit vielen Jahren im Frieden.

Aeneas

Er ist ein Flüchtling und hat eine schwere Zeit hinter sich, weiß aber, dass es ihm bestimmt ist, Lavinia zu heiraten und hier in Latium eine Stadt zu gründen. Deshalb hat er der Ehe mit Lavinia bereits zugestimmt, bevor er sie getroffen hat.

Er ist verwandt mit dem troianischen Königshaus, dessen Vorfahren allerdings vor langer Zeit aus Italien nach Kleinasien gekommen sind.

Seine Hauptcharaktereigenschaften sind: Tapferkeit, Frömmigkeit, Pflichtbewusstsein, Treue.

Turnus

Er ist ein berühmter Krieger und ein mächtiger Fürst in seinem Volk (Rutuler). Er möchte seinen Einfluss in Italien ausweiten. Er hofft schon seit langem, Lavinia heiraten zu können, doch Latinus hat sich bisher immer geweigert, seine Zustimmung zu geben.
Er ist sehr selbstbewusst, fast ein wenig überheblich.

Amata

Sie ist die Ehefrau des mächtigen Königs Latinus.
Sie ist sehr bestrebt, Turnus als Schwiegersohn zu gewinnen, und ist deshalb wütend über Lavinias Verlobung mit Aeneas.

Lavinia

Sie ist das einzige Kind des Latinus, des Königs der Latiner. Wer sie heiratet, wird große Macht in Italien erlangen.

1. Spielen Sie die Begegnung mit verteilten Rollen durch. Achten Sie auch auf die Informationen auf den anderen Rollenkarten, um situationsgerecht zu argumentieren.
2. Recherchieren Sie die Rechte der Frauen bzw. Töchter im alten Rom, besonders mit Blick auf die Entscheidung, wen sie heiraten. Diskutieren Sie, ob sich auf der Grundlage dieses Wissens das Verhalten Lavinias in Ihrem Rollenspiel ändern muss.
3. Diskutieren Sie mögliche Vor- und Nachteile von arrangierten Ehen (für beide Partner)
(a) innerhalb der fiktiven Welt der *Aeneis* – (b) in unserer heutigen Welt. Denken Sie z. B. an Parallelen aus anderen Kulturen.

17. Turnus (Aen. 7, 445–474) (C)

Die Kriegsfurie Allecto tritt in Gestalt einer alten Priesterin an Turnus heran, um ihm einen Befehl der Göttin Juno zu überbringen: Er solle die Ehe mit Lavinia mit Gewalt erzwingen und Krieg gegen Latinus führen. Turnus jedoch verspottet die alte Frau.

Talibus[1] Allecto dictis exarsit[2] in iras.
446 At iuveni oranti subitus tremor occupat artus[3],
deriguere[4] oculi. Tot Erinys sibilat hydris
448 tantaque se facies aperit[5]. Tum flammea torquens
lumina cunctantem[6] et quaerentem dicere plura
450 reppulit[7], et geminos erexit[8] crinibus[9] anguis,
verberaque[10] insonuit rabidoque[11] haec addidit ore:
452 »En[12] ego victa[13] situ, quam veri effeta[14] senectus
arma inter regum falsa formidine ludit[15].
454 Respice ad haec: Adsum dirarum[16] ab sede sororum,
bella manu letumque[17] gero.«

456 Sic effata[18] facem[19] iuveni coniecit et atro
lumine fumantis[20] fixit[21] sub pectore taedas[22].
458 Olli[23] somnum ingens rumpit pavor, ossaque[24] et artus
perfundit[25] toto proruptus[26] corpore sudor.
460 Arma amens[27] fremit[28], arma toro[29] tectisque requirit[30];
saevit amor ferri et scelerata insania belli,
462 ira super: Magno veluti cum flamma sonore
virgea[31] suggeritur[32] costis[33] undantis[34] aeni[35]
464 exsultantque aestu latices[36], furit[37] intus aquai[38]
fumidus atque alte spumis[39] exuberat[40] *amnis*,
466 nec iam se capit unda, volat vapor[41] ater ad auras.
Ergo iter ad regem polluta[42] pace Latinum
468 indicit[43] primis iuvenum et iubet arma parari,
tutari[44] Italiam, detrudere[45] finibus hostem;
470 se satis[46] ambobus Teucrisque venire[47] Latinisque.

1 **tālibus:** bez. auf die Worte des Turnus – 2 **exārdēscere,** exārsī: entbrennen – 3 **artus,** ūs: Glied; Gelenk – 4 **dērigēscere,** rigēscō, riguī: erstarren – 5 **aperīre:** offenbaren – 6 **cunctārī:** zögern 7 **repellere,** repellō, reppulī: zurückweisen – 8 **ērigere,** ērigō, ērēxī: aufrichten – 9 **crīnibus anguis:** Allecto besitzt giftige Schlangenhaare – 10 **verbera īnsonuit:** ließ die Peitsche knallen – 11 **rabidus:** rasend – 12 **ēn:** sieh! 452 f.: *Mit diesen Worten hatte Turnus sie verspottet* – 13 **victa sitū:** eingerostet – 14 **effētus** m. Gen.: unempfänglich; ohne Sinn für – 15 **lūdere:** (hier) täuschen 16 **dīrus:** grausig – 17 **lētum:** Tod – 18 **effārī,** effor, effātus sum: sprechen – 19 **fax,** facis f.: Fackel 20 **fūmāre:** rauchen – 21 **fīgere,** fīgō, fīxī: anheften – 22 **taeda:** Fichtenholz; Fackel – 23 **ollī** = illī 24 **os,** ossis n.: Knochen 25 **perfundere:** überströmen 26 **prōruptus:** ausgebrochen 27 **āmēns:** im Wahn – 28 **fremere** m. Akk.: schnauben; nach etw. brüllen – 29 **torus:** Bett – 30 **requīrere:** suchen – 31 **virgeus:** in den Zweigen – 32 **suggerī** (Pass.), m. Dat.: emporsteigen zu 33 **costae** f. Pl.: Bauch 34 **undāre:** wogen – 35 **aēnus:** Kessel – 36 **latex,** laticis m.: Flüssigkeit – 37 **furere:** brodeln 38 **aquāī** = aquae – 39 **spūma:** Schaum – 40 **exūberāre:** überströmen – 41 **vapor** m.: Dampf 42 **polluere,** polluī, pollūtum: verletzen – 43 **indīcere:** ankündigen – 44 **tūtārī:** schützen 45 **dētrūdere:** verdrängen 46 **satis** m. Dat.: (hier) jm. gewachsen – 47 **venīre:** (hier) ≈ esse

Haec ubi dicta dedit divosque in vota⁴⁸ vocavit,
472 certatim⁴⁹ sese⁵⁰ Rutuli exhortantur⁵¹ in arma.
Hunc decus egregium formae movet atque iuventae⁵²,
474 hunc atavi⁵³ reges⁵⁴, hunc claris dextera factis.

48 vōtum: Gelübde – **49 certātim:** um die Wette – **50 sēsē** = sē
51 exhortārī: antreiben
52 iuventa: Jugend – **53 atavī** m. Pl.: Vorfahren – **54 rēgēs** (rēx): *(hier)* königlich

1. Nennen Sie die einzelnen Schritte, die hier zum endgültigen Ausbruch des Krieges führen.
2. Zeigen Sie, wie Vergil in diesem Abschnitt den Krieg darstellt. Berücksichtigen Sie charakteristische Begriffe im Text, das Gleichnis in V. 462–466 und die darin enthaltenen stilistischen Mittel.
3. Untersuchen Sie, wie Ursache, Charakter und Wirkung des Krieges im Bild dargestellt werden, und vergleichen Sie die Ergebnisse mit Vergils Text.
4. Beurteilen Sie, inwiefern die beiden Darstellungen das Wesen des Krieges erfassen. Welche Aspekte entsprechen Ihrer Meinung nach der Realität, welche nicht?

Antonio Belluci (um 1700): Der Triumph des Mars, das Eherne Zeitalter;
oben: Fama verkündet die Ankunft des Mars; linker Rand: Allecto (Aufnahme Rex-Film 1944, © Zentralinstitut für Kunstgeschichte, Filmarchiv)

18. Mezentius (Aen. 8, 470–513) (B)

Junos Intrige hat inzwischen dazu geführt, dass ein Latiner in einem Tumult von einem troianischen Pfeil getötet wurde. Deshalb kämpfen die Latiner jetzt auf der Seite des Turnus gegen Aeneas. Dieser braucht nun dringend Verbündete und sucht einen alten Freund seines Vaters auf: den Arkader Euander, der am Tiber eine neue Siedlung (Pallanteum) gegründet hat. Er schließt ein Bündnis mit Aeneas und erzählt ihm, wo er in Italien weitere Unterstützung gewinnen kann.

470 »Maxime Teucrorum ductor[1], quo sospite[2] numquam
res equidem Troiae victas aut regna fatebor,
472 nobis ad belli auxilium pro nomine tanto
exiguae[3] vires. Hinc Tusco[4] claudimur amni,
474 hinc Rutulus premit et murum circumsonat[5] armis.
Sed tibi ego ingentis populos opulentaque[6] regnis
476 iungere castra paro[7], quam fors[8] inopina[9] salutem
ostentat[10]. Fatis huc te poscentibus adfers[11].
478 Haud procul hinc saxo incolitur[12] fundata[13] vetusto[14]
urbis Agyllinae sedes, ubi Lydia quondam
480 gens, bello praeclara, iugis[15] insedit[16] Etruscis.
Hanc multos florentem[17] annos rex deinde superbo
482 imperio et saevis tenuit Mezentius armis.
Quid memorem infandas[18] caedes, quid facta tyranni[19]
484 effera[20]? Di capiti[21] ipsius generique reservent!
Mortua quin[22] etiam iungebat corpora vivis
486 componens[23] manibusque manus atque oribus ora –
tormenti[24] genus! – et sanie[25] taboque[26] fluentis[27]
488 complexu[28] in misero longa sic morte necabat.
At fessi[29] tandem cives infanda[18] furentem[30]
490 armati circumsistunt[31] ipsumque domumque,
obtruncant[32] socios, ignem ad fastigia[33] iactant.
492 Ille inter caedem Rutulorum[34] elapsus[35] in agros
confugere[36] et Turni defendier[37] hospitis armis.

1 ductor = dux – **2 quō sōspite:** da du unverletzt bist – **3 exiguus:** gering – **4 Tuscus amnis** (amnī: *Abl.*): der etruskische Fluss *(der Tiber)* – **5 circumsonāre:** um … herum tönen/lärmen – **6 opulentus:** reich – **7 parō:** *(hier)* ich will/werde – **8 fors, fortis** *f.*: glücklicher Zufall – **9 inopīnus:** unvermutet – **10 ostentāre:** in Aussicht stellen – **11 sē adferre:** sich (hin)begeben – **12 incolere:** bewohnen – **13 fundāre:** gründen – **14 vetustus:** alt

15 iugum: Gebirgszug – **16 īnsīdere, īnsēdī** *m. Dat.*: sich niederlassen auf – **17 flōrēre:** blühen; ›florieren‹ – **18 īnfandus:** unsäglich; abscheulich – **19 tyrannus:** Tyrann – **20 efferus:** roh – **21 capitī reservāre** *m. Gen.*: an jm. rächen – **22 quīn etiam:** ja sogar – **23 compōnere:** zusammenlegen – **24 tormentum:** Folter – **25 saniēs, ēī:** Eiter; Gift – **26 tābum:** Eiter; Verwesung – **27 fluere:** (zer-)fließen – **28 complexus, ūs:** Umarmung

29 fessus: müde, mürbe – **30 furere:** rasen – **31 circumsistere:** umstellen – **32 obtruncāre:** niedermetzeln – **33 fāstīgium:** Giebel; Dach – **34 Rutulōrum** *zu agrōs* – **35 ēlāpsus:** entwischt – **36 confugere, dēfendier:** *historische Infinitive* – **37 dēfendier** = dēfendī

494	Ergo omnis furiis³⁸ surrexit Etruria iustis,	**38 furiae** *f. Pl.: (hier)* Zorn
	regem ad supplicium³⁹ praesenti⁴⁰ Marte reposcunt.	**39 supplicium:** Hinrichtung
496	His ego te, Aenea, ductorem¹ milibus addam.	**40 praesentī Marte:** unter Androhung sofortigen Krieges
	Toto namque fremunt⁴¹ condensae litore puppes⁴²	**41 fremere:** dumpf rauschen
498	signaque⁴³ ferre iubent, retinet longaevus⁴⁴ haruspex⁴⁵	**42 puppis, is:** Schiff – **43 sīgna ferre:** angreifen – **44 longaevus:**
	fata canens⁴⁶: ›O Maeoniae delecta iuventus,	hochbetagt – **45 haruspex** *m.:*
500	flos⁴⁷ veterum virtusque virum, quos iustus in hostem	Seher – **46 canere:** verkünden
	fert dolor et merita⁴⁸ accendit Mezentius ira,	**47 flōs:** Blüte – **48 meritus:** verdient – **49 fās** (est): es ist bestimmt – **50 subiungere:** unterwerfen – **51 externus:** ausländisch – **52 optāre:** (er)wählen
502	nulli fas⁴⁹ Italo tantam subiungere⁵⁰ gentem:	
	Externos⁵¹ optate⁵² duces.‹ Tum Etrusca resedit⁵³	**53 resīdere, resēdī:** sich niederlassen – **54 monita** *n. Pl.:* Mahnungen – **55 exterrēre:** erschrecken – **56 corōna:** Krone
504	hoc acies campo monitis⁵⁴ exterrita⁵⁵ divum.	
	Ipse oratores ad me regnique coronam⁵⁶	**57 scēptrum:** Zepter – **58 īnsīgnia** *n. Pl.:* Herrschaftszeichen
506	cum sceptro⁵⁷ misit mandatque insignia⁵⁸ Tarchon,	
	succedam⁵⁹ castris Tyrrhenaque regna capessam⁶⁰.	**59 castrīs succēdere:** in den Krieg ziehen – **60 capessere:** ergreifen
508	Sed mihi tarda⁶¹ gelu⁶² saeclisque⁶³ effeta⁶⁴ senectus⁶⁵	**61 tardus:** schwerfällig – **62 gelū, ūs** *n.:* Starre – **63 saeclum:** Jahr
	invidet⁶⁶ imperium seraeque⁶⁷ ad fortia vires.	**64 effētus:** geschwächt – **65 senectūs, ūtis** *f.:* Alter – **66 invidēre:**
510	Natum exhortarer⁶⁸, ni⁶⁹ mixtus matre Sabella	missgönnen – **67 sērus:** *(hier)* (zu) langsam – **68 exhortārī:** ermuntern – **69 nī** = nisi – **70 trahere:** *(hier)* herleiten – **71 indulgēre:** erlauben
	hinc partem patriae traheret⁷⁰. Tu, cuius et annis	
512	et generi fatum indulget⁷¹, quem numina poscunt,	
	ingredere, o Teucrum atque Italum fortissime ductor¹.«	

1 Charakterisieren Sie Mezentius auf der Grundlage dieses Textabschnitts. Führen Sie lateinische Belege an.

2 Erklären Sie, zu welchem Zweck Vergil dem Turnus einen Verbündeten wie Mezentius zur Seite stellt.

3 Die Etrusker haben ihren Tyrannen erfolgreich vertrieben. Ist es gerechtfertigt, dass sie nun gegen Turnus Krieg führen wollen? Welchen Grund könnten die Etrusker haben, auf der Auslieferung ihres ehemaligen Königs zu bestehen (V. 495)? Erörtern Sie diese Fragen. Ziehen Sie dabei auch Vergleiche mit Diktatoren und Gewaltherrschern unserer Zeit heran.

19. Pallas und Turnus (Aen. 10, 476–517a) (C)

Der Kampf zwischen Aeneas und Turnus ist ausgebrochen und die Schlacht zwischen beiden Parteien tobt heftig. Im Kampf trifft Euanders Sohn Pallas, der noch sehr jung ist und den Aeneas unter seine besondere Obhut genommen hat, auf Turnus selbst. Pallas schleudert seine Lanze gegen den Feind:

476 Illa¹ volans, umeri² surgunt qua tegmina summa,
incidit³, atque viam⁴ clipei⁵ molita per oras⁶
478 tandem etiam magno strinxit⁷ de corpore Turni.
Hic Turnus ferro praefixum⁸ robur⁹ acuto¹⁰
480 in Pallanta diu librans¹¹ iacit atque ita fatur:
»Aspice, num¹² mage¹³ sit nostrum penetrabile telum!«

482 Dixerat; at clipeum⁵, tot ferri terga¹⁴, tot aeris¹⁵,
quem pellis¹⁶ totiens¹⁷ obeat¹⁸ circumdata tauri¹⁹,
484 vibranti cuspis²⁰ medium transverberat ictu²¹
loricaeque²² moras²³ et pectus perforat ingens.
486 Ille rapit calidum frustra de vulnere telum:
Una eademque via sanguis animusque sequuntur.
488 Corruit²⁴ in vulnus (sonitum²⁵ super arma dedere)
et terram hostilem moriens petit ore cruento.
490 Quem Turnus super adsistens²⁶:
»Arcades, haec«, inquit, »memores mea dicta referte
492 Euandro: Qualem meruit, Pallanta remitto.
quisquis honos tumuli²⁷, quidquid solamen²⁸ humandi²⁹
est,
494 largior³⁰. Haud illi stabunt³¹ Aeneia³² parvo
hospitia.« Et laevo pressit pede³³ talia fatus
496 exanimem rapiens immania³⁴ pondera³⁵ baltei³⁶
impressumque³⁷ nefas: una sub nocte iugali³⁸
498 caesa manus iuvenum foede³⁹ thalamique cruenti⁴⁰,
quae Clonus Eurytides⁴¹ multo caelaverat⁴² auro,

1 illa: *die Lanze (vgl. Einl.)* – **2 umerī … summa:** am oberen Rand des Panzers – **3 incidere:** treffen – **4 viam mōlīrī:** sich den Weg bahnen – **5 clipeus:** Schild – **6 ōra:** *(hier)* Rand – **7 stringere, strīnxī (dē** *m. Abl.***):** streifen – **8 praefixus** *m. Abl.***:** vorne versehen mit – **9 rōbur** *n.***:** Eichenholz – **10 acūtus:** spitz – **11 lībrāre:** schwingen – **12 num:** ob – **13 mage** = magis – **14 terga** *n. Pl.***:** *(hier)* Lagen – **15 aes, aeris** *n.***:** Bronze – **16 pellis, is** *f.***:** Haut – **17 totiēns:** so oft – **18 obīre circumdatus:** umgeben und bedecken – **19 taurus:** Stier – **20 cuspis** *f.***:** Spitze – **21 ictus, ūs:** Schlag – **22 lōrīca:** Brustpanzer – **23 mora:** Schutz – **24 corruere:** zusammenbrechen – **25 sonitum dare:** erdröhnen

26 adsistere: hintreten – **27 tumulus:** Grabmal – **28 sōlāmen:** Trost – **29 humāre:** begraben – **30 largīrī:** gestatten – **31 parvō stāre:** billig zu stehen kommen – **32 Aenēïa hospitia:** die Gastfreundschaft mit Aeneas – **33 pēs, pedis** *m.***:** Fuß – **34 immānis, e:** gewaltig – **35 pondus, eris** *n.***:** Gewicht – **36 balteus:** Gurt (der Rüstung) – **37 impressum nefās:** das eingravierte Bild des Frevels *(die 50 Töchter des Danaos, die in der Hochzeitsnacht ihre Männer erschlugen)* – **38 iugālis, e:** Hochzeits- – **39 foedus:** schändlich – **40 cruentus:** blutig – **41 Clonus Eurytidēs:** Clonus, der Sohn des Eurytus – **42 caelāre:** kunstvoll schnitzen – **43 ovāre:** jubeln – **44 spolium:** Beute – **45 potīrī, potītus sum** *m. Abl.***:** erlangen

500 quo nunc Turnus ovat⁴³ spolio⁴⁴ gaudetque potitus⁴⁵.
Nescia⁴⁶ mens hominum fati sortisque futurae
502 et servare modum rebus⁴⁷ sublata secundis!
Turno tempus erit, magno⁴⁸ cum optaverit emptum
504 intactum⁴⁹ Pallanta et cum spolia⁴⁴ ista diemque
oderit. At socii multo gemitu lacrimisque
506 impositum scuto⁵⁰ referunt Pallanta frequentes⁵¹.
O dolor atque decus magnum rediture parenti,
508 haec te prima dies bello dedit, haec eadem aufert,
cum tamen ingentis Rutulorum linquis⁵² acervos⁵³!
510 Nec iam fama mali tanti, sed certior auctor⁵⁴
advolat⁵⁵ Aeneae: Tenui⁵⁶ discrimine leti
512 esse suos, tempus⁵⁷ versis⁵⁸ succurrere⁵⁹ Teucris.
Proxima⁶⁰ quaeque metit gladio latumque per agmen
514 ardens⁶¹ limitem⁶² agit ferro, te, Turne, superbum
caede nova quaerens. Pallas, Euander, in ipsis
516 omnia sunt oculis, mensae⁶³, quas advena⁶⁴ primas
517a tunc adiit, dextraeque datae.

46 nescius *m. Gen.: Leite von* nescīre *ab!* – **47 rēs secundae:** *Glück* – **48 māgnō emere:** *teuer kaufen (vgl. 494)* – **49 intāctus:** *Leite von* tangere *(Text 12) ab!* – **50 scūtum:** *langer Schild* – **51 frequēns:** *zahlreich; dicht* – **52 linquere** = relinquere – **53 acervus:** *Haufen* – **54 auctor:** *(hier) Berichterstatter* – **55 ad- volāre:** *Leite von* volare *(Text 3) ab!* – **56 tenuī lētī discrīmen:** *unmittel- bare Todesgefahr* – **57 tempus:** *erg.* esse – **58 versus:** *fliehend* – **59 succurrere:** *zu Hilfe eilen* – **60 proxima quaeque:** *was am nächsten ist* – **61 ārdēns:** *(hier) voll Zorn* – **62 līmitem agere:** *den Weg bahnen* – **63 mēnsa:** *Tisch* – **64 advena** *m.: Ankömmling*

1 Vor dem Übersetzen: Stellen Sie Vermutungen über den Verlauf und den Ausgang dieses Kampfes an (vgl. Einleitung). Verwenden Sie dafür folgende Hinweise: Ihnen bekannte Namen und ihre Kasusformen in diesem Text, in denen sie stehen, Prädikate, die Sie in der Nähe dieser Namen erkennen, und die oberflächlich erkennbare Textstruktur (z. B. Wechsel von Rede und Aktion).

2 Während des Übersetzens: Erstellen Sie ein Sachfeld (Sammlung charakteristischer Begriffe) zum Thema »Tod / Mord / Begräbnis«.

3 Stellen Sie fest, (a) was Turnus in V. 490–501 im Einzelnen sagt und tut, – (b) wie Aeneas auf die Nachricht reagiert und warum (V. 513–517a).

4 (a) Untersuchen Sie die Mittel, mit denen Vergil die emotionale Wirkung der Schilderung in V. 501–517a verstärkt (z. B. stilistische Mittel, Haltung des Erzählers zum Geschehen) – (b) Bestimmen Sie die Funktion des Abschnitts in V. 501–505.

5 Bewerten Sie die Worte des Turnus und die einzelnen Aspekte seines Verhaltens.

Aeneas in Latium

20. Der Sohn des Mezentius (Aen. 10, 783–832) (B)

Aeneas wütet auf dem Schlachtfeld, um den Tod des Pallas zu rächen. Zahlreiche Gegner sind bereits durch seine Hand gefallen. Dann trifft Aeneas auf Mezentius. Dieser wirft eine Lanze nach dem Troianer, die Aeneas aber verfehlt.

Tum pius Aeneas hastam[1] iacit; illa per orbem
784　aere[2] cavum[3] triplici[4], per linea[5] terga[6] tribusque
　　　transiit intextum[7] tauris[8] opus, imaque[9] sedit[10]
786　inguine[11], sed viris haud pertulit. Ocius[12] ensem[13]
　　　Aeneas viso Tyrrheni sanguine laetus
788　eripit a femine[14] et trepidanti fervidus instat[15].
　　　Ingemuit[16] cari graviter genitoris[17] amore,
790　ut vidit, Lausus, lacrimaeque per ora volutae.
　　　Hic mortis durae casum tuaque optima facta,
792　si[18] qua fidem tanto est operi latura vetustas,
　　　non equidem nec te, iuvenis memorande, silebo[19].
794　Ille pedem referens[20] et inutilis[21] inque ligatus[22]
　　　cedebat clipeoque[23] inimicum hastile[24] trahebat.
796　Proripuit[25] iuvenis seseque[26] immiscuit armis,
　　　iamque adsurgentis[27] dextra plagamque ferentis[27]
798　Aeneae subiit mucronem[28] ipsumque morando[29]
　　　sustinuit. Socii magno clamore sequuntur,
800　dum[30] genitor[17] nati parma[31] protectus[32] abiret,
　　　telaque coniciunt perturbantque eminus[33] hostem
802　missilibus[33]. Furit Aeneas tectusque[35] tenet se.
　　　Ac velut effusa[36] si quando grandine nimbi[37]
804　praecipitant[38], omnis campis diffugit arator
　　　omnis et agricola, et tuta latet[39] arce viator
806　aut amnis[40] ripis aut alti fornice[41] saxi,
　　　dum pluit[42] in terris, ut possint sole reducto
808　exercere diem[43]: Sic obrutus[44] undique telis
　　　Aeneas nubem[45] belli, dum detonet[46] omnis,

---

1 hasta: Lanze – **2 aes,** aeris: Erz – **3 cavus:** gewölbt – **4 triplex,** triplicis: dreifach – **5 līneus:** aus Leinen – **6 tergum:** Schicht – **7 intextus:** durch-; umflochten – **8 taurus:** *(hier)* Stierhaut – **9 īma:** ganz tief – **10 sīdere,** sēdī: stecken bleiben – **11 inguen,** inguinis *n.*: Unterleib – **12 ōcius** *Adv.*: schnell – **13 ēnsis,** is: Schwert – **14 femen,** feminis *n.*: Oberschenkel – **15 īnstāre:** eindringen auf – **16 ingemīscere,** ingemuī: aufstöhnen – **17 genitor:** Vater

18 sī qua … vetustās: wenn eine so große Tat durch ihr Alter glaubwürdig ist – **19 silēre:** verschweigen – **20 pedem referre:** zurückweichen – **21 inūtilis:** hilflos – **22 inque ligātus:** und verstrickt – **23 clipeus:** Schild – **24 hastīle** *n.*: Schaft; Lanze – **25 prōripere,** ripuī: hervorbrechen – **26 sēsē** = sē – **27 adsurgentis, ferentis:** *zu Aeneae;* adsurgere: sich erheben; plāgam ferre: e. Schlag führen – **28 mucrōnem subīre:** sich unter das Schwert ducken – **29 morandō sustinēre:** durch Abwehr standhalten – **30 dum** *m. Konj.*: damit inzwischen – **31 parma:** Schild – **32 prōtēctus:** *Leite von* tegere *(Text 7) ab!* – **33 ēminus:** von fern – **34 missilis:** Geschoss – **35 tēctus:** in Deckung – **36 effūsa grandō,** inis: heraus strömender Hagel – **37 nimbus:** Regenguss – **38 praecipitāre:** niederstürzen – **39 latēre:** sich versteckt halten – **40 amnis** *Gen.*: Fluss – **41 fornix,** fornicis: Bogen; Wölbung – **42 pluit:** es regnet – **43 diēs:** *(hier)* Tagwerk – **44 obruere:** bedecken – **45 nūbēs,** is: Wolke – **46 dētonāre:** sich austoben

810 sustinet et Lausum increpitat⁴⁷ Lausoque minatur⁴⁸:
»Quo, moriture, ruis maioraque viribus audes?
812 Fallit te incautum⁴⁹ pietas tua.« Nec minus ille
exsultat⁵⁰ demens⁵¹, saevae iamque altius irae
814 Dardanio surgunt ductori⁵², extremaque Lauso
Parcae fila⁵³ legunt⁵⁴. Validum namque exigit⁵⁵ ensem⁵⁶
816 per medium Aeneas iuvenem totumque recondit⁵⁷.
Transiit et parmam³¹ mucro⁵⁸, levia arma⁵⁹ minacis⁶⁰,
818 et tunicam⁶¹, molli mater quam neverat⁶² auro,
implevitque⁶³ sinum⁶⁴ sanguis; tum vita per auras
820 concessit⁶⁵ maesta ad Manis⁶⁶ corpusque reliquit.
At vero ut vultum vidit morientis et ora,
822 ora modis Anchisiades⁶⁷ pallentia⁶⁸ miris,
ingemuit¹⁶ miserans⁶⁹ graviter dextramque tetendit,
824 et mentem⁷⁰ patriae⁷¹ subiit pietatis imago⁷².
»Quid tibi nunc, miserande puer, pro laudibus istis,
826 quid pius Aeneas tanta dabit indole⁷³ dignum?
Arma, quibus laetatus⁷⁴, habe tua; teque parentum⁷⁵
828 Manibus⁶⁶ et cineri, si qua est ea cura⁷⁶, remitto.
Hoc⁷⁷ tamen infelix miseram solabere mortem⁷⁷:
830 Aeneae magni dextra cadis.« Increpat⁷⁸ ultro⁷⁹
cunctantis⁸⁰ socios et terra sublevat⁸¹ ipsum
832 sanguine turpantem⁸² comptos⁸³ de more capillos⁸⁴.

47 increpitāre: anfahren
48 minārī: drohen – **49 incautus:** unvorsichtig – **50 exsultāre:** auftrumpfen – **51 dēmēns:** *Leite von mēns ab!* – **52 ductor:** *Leite von dūcere ab!* – **53 fīlum:** (Lebens-)Faden – **54 legere:** *(hier)* spinnen
55 exigere: ausholen; stoßen
56 ēnsis, is *m.*: Schwert
57 recondere: hineinstoßen
58 mucrō: Spitze – **59 levis, e:** gering – **60 mināx, ācis:** drohend
61 tunica: Gewand – **62 nēre, nēvī:** weben – **63 implēre:** füllen
64 sinus: Brust *(des Gewandes)*
65 concēdere, concessī: weichen
66 Mānēs: Seelen der Toten
67 Anchīsiadēs: *Subjekt in 821*
68 pallēre: bleich werden
69 miserārī: beklagen; Mitleid fühlen – **70 mentem subīre:** in den Sinn kommen – **71 patriae** = *patris* (Gen. obiectivus) – **72 imāgō:** Bild; Vorstellung
73 indolēs, is *f.*: Natur; Art
74 laetārī *m. Abl.*: sich erfreuen an – **75 parentēs:** *(hier)* Vorfahren – **76 sī qua est ea cura:** wenn es von Bedeutung ist – **77 hōc solābere mortem:** dies wird dir im Tod ein Trost sein – **78 increpāre:** (zu)rufen – **79 ultrō:** noch dazu
80 cunctārī: zögern – **81 sublevāre:** aufheben – **82 turpāre:** besudeln; entstellen – **83 cōmptus:** frisiert – **84 capillus:** Haar

1 Teilen Sie den Text in Abschnitte und benennen Sie die jeweils vorherrschenden Handlungen, Gedanken und Gefühle. Zitieren Sie lateinische Schlüsselbegriffe.

2 Erklären Sie die Bedeutung der *pietas* (↗ S. 16) für die Personen und Ereignisse in diesem Text (vgl. V. 783; 812; 824; 826).

3 Vergleichen Sie das Verhalten des Aeneas in diesem Abschnitt mit dem des Turnus in Text 19 und bewerten Sie es anschließend.

21. Euanders Klage (Aen. 11, 148–181) (C)

Am nächsten Morgen lässt Aeneas die Toten bestatten. Weinend trauert er an der Bahre des Pallas und lässt ihn dann zu Euander nach Pallanteum bringen. Schon bevor der Trauerzug beim Palast des Königs angekommen ist, hört Euander die lauten Klagen der Bewohner.

148 At non Euandrum potis[1] est vis ulla tenere,
 sed venit in medios. Feretro[2] Pallanta[3] reposto[4]
150 procubuit[5] super atque haeret lacrimansque[6]
 gemensque[7],
 et via vix tandem voci laxata[8] dolore est:
152 »Non haec, o Palla, dederas promissa parenti,
 cautius[9] ut[10] saevo velles te credere Marti.
154 Haud ignarus eram, quantum nova gloria in armis
 et praedulce[11] decus[12] primo certamine[13] posset.
156 Primitiae[14] iuvenis miserae bellique propinqui
 dura rudimenta[15], et nulli[16] exaudita[17] deorum
158 vota[18] precesque meae! Tuque, o sanctissima coniunx,
 felix morte tua neque in hunc servata dolorem!
160 Contra ego vivendo vici mea fata, superstes[19]
 restarem ut genitor[20]. Troum[21] socia arma secutum
162 obruerent[22] Rutuli telis! Animam ipse dedissem
 atque haec pompa[23] domum me, non Pallanta, referret!
164 Nec vos arguerim[24], Teucri, nec foedera[25] nec, quas
 iunximus hospitio[26], dextras: Sors ista senectae[27]
166 debita[28] erat nostrae. Quod si immatura[29] manebat
 mors gnatum[30], caesis Volscorum milibus ante[31]
168 ducentem in Latium Teucros cecidisse[32] iuvabit.
 Quin[33] ego non alio digner[34] te funere[35], Palla,
170 quam[36] pius Aeneas et quam magni Phryges et quam
 Tyrrhenique duces, Tyrrhenum exercitus omnis.
172 Magna tropaea[37] ferunt[38], quos dat tua dextera leto[39].

1 potis: fähig; imstande – **2 feretrum:** Bahre – **3 Pallanta** *(Akk.):* zu super – **4 repostus:** (= *repositus*) abgestellt – **5 prōcumbere,** prōcubuī: sich werfen – **6 lacrimāre:** *Leite von* lacrima *ab!* – **7 gemere:** seufzen – **8 laxāre:** öffnen
9 cautus: vorsichtig – **10 ut vellēs** *m. Inf.:* hättest du doch …
11 praedulcis, e: überaus angenehm – **12 decus** *n.:* Ehre; Kriegstat – **13 certāmen,** minis *n.:* Kampf – **14 prīmitiae** *f. Pl.:* frühe Jugend – **15 rudīmentum:** Anfang; erster Versuch – **16 nūllī** = ā nūllō – **17 exaudīre:** *Leite von* audīre *ab!* – **18 vōtum:** Gelübde
19 superstes *(Nom.):* überlebend
20 genitor: Vater – **21 Troum … secūtum:** mich als Bundesgenossen der Troer – **22 obruere:** bedecken – **23 pompa:** Leichenzug – **24 arguere,** arguō, arguī: beschuldigen – **25 foedus,** foederis *n.:* Bündnis – **26 hospitium:** Gastfreundschaft – **27 senecta:** das hohe Alter – **28 dēbitus:** *hier* bestimmt – **29 immātūrus:** verfrüht – **30 gnātus:** Sohn – **31 ante:** vorher *(zu caesis … milibus)* – **32 cecidisse:** *erg.* eum (*gemeint: Pallas*) – **33 quīn:** (*bekräftigend*) ja; wahrlich – **34 dignārī** *m. Abl.:* würdigen – **35 fūnus,** fūneris *n.:* Begräbnis – **36 quam pius Aenēās …:** *Aeneas hat dem Trauerzug Beute und Gaben für eine Totenfeier mitgegeben* – **37 tropaeum:** Siegeszeichen – **38 ferunt, quōs:** bringen sie von denen, die …. – **39 lētum:** Tod

Tu quoque nunc stares immanis⁴⁰ truncus⁴¹ in arvis⁴²,
174 esset par aetas et idem si robur⁴³ ab annis,
Turne. Sed infelix Teucros quid demoror⁴⁴ armis?
176 Vadite⁴⁵ et haec memores regi mandata⁴⁶ referte:
Quod⁴⁷ vitam moror invisam Pallante perempto⁴⁸
178 dextera causa tua est, Turnum gnatoque³⁰ patrique
quam⁴⁹ debere vides. Meritis⁵⁰ vacat hic tibi solus
180 fortunaeque locus. Non vitae gaudia⁵¹ quaero,
nec fas⁵², sed gnato³⁰ Manis⁵³ perferre sub⁵⁴ imos.«

40 immānis, e: riesig; grausig
41 truncus: Stumpf – **42 arvum:** Feld – **43 rōbur** *n.:* Kraft
44 dēmorārī *m. Abl.:* abhalten (von) – **45 vādere:** losgehen
46 mandātum: Auftrag – **47 Quod vītam moror invīsam causa est** (177 f.): der Grund dafür, dass ich das verhasste Leben hinziehe, ist – **48 perimere,** perimō, perēmī, perēmptum: wegnehmen; töten
49 quam vidēs *m. Inf.* (AcI): die, wie du siehst, … – **50 Meritīs vacat hic … locus:** Nur dieses Verdienst kannst du dir noch (um Pallas) erwerben – **51 gaudia:** *gemeint:* freudige Nachricht (dass Turnus tot ist) – **52 fās (est):** es ist erlaubt – **53 Mānēs,** ium *m. Pl.:* Seelen der Toten – **54 sub** *m. Akk.:* unten zu

1 Vor dem Übersetzen: (a) Suchen Sie nicht-indikativische finite Verbformen im Text und bestimmen Sie jeweils die Form. – (b) Stellen Sie, auch auf der Grundlage der Übersetzungsmöglichkeiten solcher Formen, Vermutungen über den Inhalt der Rede Euanders an.
2 Gliedern Sie die Rede Euanders in Abschnitte mit passenden Überschriften.
3 Untersuchen Sie die sprachlichen Mittel, die zur emotionalen Wirkung dieser Rede beitragen.
4 Vergleichen Sie die Ergebnisse aus den Aufgaben 2 und 3 mit Ihren Vermutungen in Aufgabe 1. Reagiert Euander so, wie Sie es erwartet haben?

Angelika Kauffmann: Pallas von Turnus getötet (1786)

Aeneas in Latium

22. Juno gibt nach (Aen. 12, 818–840)

Bis jetzt hat Juno aus Hass auf die Troianer den Rutulern und ihren Verbündeten geholfen. Schließlich fragt Jupiter sie, ob sie nicht endlich aufgeben wolle, da sich ihr Groll nur vergrößere, sie aber niemals erfolgreich sein könne: Dass Aeneas in Latium ein neues, großes Volk gründen werde, sei beschlossen und unabwendbar. Endlich lenkt Juno ein:

»Et nunc cedo equidem pugnasque exosa relinquo.
Illud te, nulla fati quod lege tenetur,
pro Latio obtestor, pro maiestate tuorum:
Cum iam conubiis pacem felicibus – esto –
822 component, cum iam leges et foedera iungent,
ne vetus indigenas nomen mutare Latinos
neu Troas fieri iubeas Teucrosque vocari
aut vocem mutare viros aut vertere vestem.
Sit Latium, sint Albani per saecula reges,
827 sit Romana potens Itala virtute propago.
Occidit, occideritque sinas cum nomine Troia.«
Olli subridens hominum rerumque repertor:
»Es germana Iovis Saturnique altera proles,
irarum tantos volvis sub pectore fluctus.
832 Verum age et inceptum frustra summitte furorem:
Do, quod vis, et me victusque volensque remitto.
Sermonem Ausonii patrium moresque tenebunt,
utque est nomen, erit; commixti corpore tantum
subsident Teucri. Morem ritusque sacrorum
837 adiciam faciamque omnis uno ore Latinos.
Hinc genus Ausonio mixtum quod sanguine surget,
supra homines, supra ire deos pietate videbis,
nec gens ulla tuos aeque celebrabit honores.«

»Und nun weiche ich und verlasse die Kämpfe voll Abscheu. Doch darum bitte ich dich inständig, was durch kein Gesetz des Schicksals verhindert wird, für Latium, für die Würde der Deinen: Dass du, wenn sie den Frieden schon durch glückliche Hochzeit – es sei! – besiegeln, wenn sie schon Gesetze und Bündnisse vereinen, nicht forderst, dass die Latiner ihren alten Namen verändern oder dass sie Troer werden und ›Teukrer‹ genannt werden oder dass die Männer ihre Sprache verändern oder die Kleidung. Latium soll es sein, Männer von Alba sollen durch Jahrhunderte Könige sein, die römische Nachkommenschaft soll durch italische Tüchtigkeit mächtig sein. Untergegangen ist Troia, lass es zugleich mit dem Namen untergegangen sein.«
Ihr zulächelnd sagte der Urheber der Menschen und Dinge: »Du bist die Schwester Jupiters und das zweite Kind des Saturn, so große Fluten von Zorn wälzt du in deiner Brust. Aber nun denn, lass ab vom vergeblich begonnenen Wüten: Ich gebe dir, was du willst und gebe, besiegt und willig, nach. Die Ausonier (= Italiker) werden ihre von den Vätern ererbte Sprache und ihre Sitten behalten, und so wie ihr Name ist, wird er bleiben; nur leiblich vermischt werden die Teukrer sich (hier) niederlassen. Den Brauch und die Zeremonien der Kulte werde ich hinzufügen und werde sie alle durch eine einzige Sprache zu Latinern machen. Du wirst sehen, wie das Volk, das hier, vermischt mit ausonischem Blut, entsteht, die Menschen, ja selbst die Götter an Frömmigkeit übertrifft, und kein Volk wird dich gleichermaßen im Kult verehren.«

1 (a) Listen Sie die hier genannten Eigenschaften des zukünftigen Römervolkes auf und notieren Sie, woher diese jeweils stammen. Zitieren Sie lateinische Schlüsselbegriffe. – (b) Stellen Sie fest, welche lateinischen Wörter jeweils im Deutschen mit »Sprache« übersetzt wurden und erklären Sie den Gebrauch dieser Wörter in dieser Bedeutung. – (c) Diskutieren Sie, wie man *virtus* (V. 827) und *pietas* (V. 839) in diesem Text noch sinnvoll übersetzen könnte.

2 2 (a) Vergleichen Sie die sprachliche Gestaltung von V. 839 mit der deutschen Übersetzung und überlegen Sie, welche anderen Möglichkeiten es gibt, den Inhalt und die Wirkung dieses Verses im Deutschen angemessen wiederzugeben. – (b) Analysieren Sie die Verse 826–828 und 838–840 metrisch. – (c) Diese Verse werden bei Götte (Versübersetzung) und Binder (Prosaübersetzung) folgendermaßen übersetzt:

»*Latium bleibe, es seien Albaner jahrhundertlang Herrscher,*
mächtig bleibe durch Italerkraft der römische Nachwuchs;
tot ist, tot lass bleiben hinfort mit Namen auch Troja!« *(826–828 Götte)*
»Garantiert sei Latiums Bestand, seien über Jahrhunderte hin albanische Könige, sei ein Römergeschlecht, mächtig durch italische Tüchtigkeit: Untergegangen ist Troia, und lass es untergegangen sein mitsamt seinem Namen.« (826–828 Binder)

»*Dieses Geschlecht, das mit Aúsonerblut vermischt von hier aufwächst,*
siehst du Menschen und Götter an Frömmigkeit einst überragen,
und kein Volk wird diesem gleich dich feiern und ehren.« *(838–840 Götte)*
»Daraus wird ein Geschlecht aufgehen, das mit Ausonierblut vermischt ist: Du wirst sehen, dass es die Menschen, die Götter an Frömmigkeit übertrifft, und kein einziges Volk wird deine heiligen Feste vergleichbar feiern.« (838–840 Binder)

Vergleichen Sie die verschiedenen Übersetzungen miteinander und mit dem lateinischen Text. Diskutieren Sie, welche Elemente des Originals in welcher Übersetzung am besten zum Ausdruck kommen.

3 Welche ist die wichtigste Eigenschaft der Römer laut dieser Vorhersage und in der Zukunftsvision in Text 14? Vergleichen Sie die beiden Charakterisierungen.

4 Führen Sie aus den bisher gelesenen Texten Beispiele an für (a) die *pietas* und *virtus* (↗ S. 16 f.) des Aeneas und (b) die *pietas* und *virtus* des Augustus. Ziehen Sie für letztere auch die Texte zum Hintergrundwissen heran (S. 14 f.).

Two Voices-Theory (Informationstext)

Nicht alle, die sich mit Vergils *Aeneis* beschäftigen, sind der Meinung, dass dieses Epos die Herrschaft des Augustus positiv bewertet. Vor allem im englischsprachigen Raum wird oft auf die Möglichkeit, das Verhalten und den Charakter des Aeneas an verschiedenen Stellen der *Aeneis* negativ zu bewerten, hingewiesen. Das Fehlverhalten des Aeneas wiederum deutet man als versteckte Kritik an Augustus, als dessen Wegbereiter und Vorläufer Aeneas offensichtlich von Vergil konzipiert wurde. Nach dieser Interpretation spricht der Dichter der *Aeneis* mit zwei Stimmen (»two voices«) – einer expliziten, Augustus verherrlichenden und einer impliziten, indirekt und unterschwellig kritisierenden Stimme.

23. Das Ende der Kämpfe (Aen. 12, 919–952) (A)

Die beiden Kriegsparteien sind übereingekommen, den Konflikt durch einen Zweikampf zwischen Aeneas und Turnus entscheiden zu lassen. Der Kampf dauert bereits eine Weile an, und Turnus wird nach einigen erfolglosen Aktionen unsicher.

Cunctanti[1] telum Aeneas fatale[2] coruscat[3],
920 sortitus fortunam[4] oculis et corpore toto
eminus[5] intorquet. Murali[6] concita[7] numquam
922 tormento[8] sic saxa fremunt[9] nec fulmine[10] tanti
dissultant[11] crepitus[12]. Volat atri turbinis[13] instar[14]
924 exitium[15] dirum[16] hasta ferens orasque[17] recludit[18]
loricae[19] et clipei extremos[20] septemplicis orbis;
926 per medium stridens[21] transit femur[22]. Incidit[23] ictus[24]
ingens ad terram duplicato[25] poplite[26] Turnus.
928 Consurgunt[27] gemitu Rutuli totusque remugit[28]
mons circum et vocem late nemora[29] alta remittunt.
930 Ille humilis[30] supplex oculos dextramque precantem
protendens[31]: »Equidem merui nec deprecor[32], inquit,
932 utere sorte tua. Miseri te si qua parentis
tangere cura potest, oro – fuit et tibi talis
934 Anchises genitor[33] – Dauni miserere[34] senectae[35]
et me, seu[36] corpus spoliatum lumine mavis,
936 redde meis. Vicisti et victum tendere[37] palmas
Ausonii videre[38]. Tua est Lavinia coniunx;
938 ulterius[39] ne tende odiis.« Stetit acer in armis
Aeneas volvens oculos dextramque repressit[40].
940 Et iam iamque magis cunctantem[1] flectere[41] sermo
coeperat, infelix umero cum apparuit alto
942 balteus[42] et notis fulserunt[43] cingula[44] bullis[45]
Pallantis pueri, victum quem vulnere Turnus
944 straverat[46], atque umeris inimicum insigne[47] gerebat.

1 cunctārī: zögern – 2 fātālis, e: tödlich – 3 coruscāre: schwingen – 4 fortūnam sortīrī: die günstige Stelle wählen – 5 ēminus: von fern – 6 mūrāle (Adj.) – 7 concitus: abgeschossen – 8 tormentum: Wurfmaschine *(mit der man Mauern angriff)* – 9 fremere: dröhnen – 10 fulmen, minis: Blitz 11 dissultāre: sich überallhin verbreiten – 12 crepitus, ūs: Knallen – 13 turbō, inis *m.*: Wirbel 14 īnstar *m. Gen.*: wie – 15 exitium: Verderben – 16 dīrus: grausam – 17 ōra: Rand – 18 reclūdere: öffnen – 19 lōrīca: Brustpanzer – 20 orbēs extrēmī: der äußerste Rand – 21 strīdēre: zischen – 22 femur *n.*: Oberschenkel – 23 incidere: hinfallen 24 ictus: getroffen – 25 duplicāre: einknicken – 26 poples, itis *m.*: Knie(kehle) – 27 cōnsurgere: sich erheben – 28 remūgīre: widerhallen – 29 nemus, oris *n.*: Wald 30 humilis: *(zu oculos):* niedergeschlagen – 31 prōtendere: ausstrecken – 32 dēprecārī: um Gnade bitten – 33 genitor: Vater 34 miserērī *m. Gen.*: Mitleid haben mit – 35 senecta: Alter – 36 seu māvīs: oder wenn du lieber willst 37 tendere palmās: die Hände ausstrecken – 38 vīdēre = vīdērunt (↗ S. 20 B5) – 39 ulterius tendere: weiter gehen – 40 reprimere, repressī: zurückhalten – 41 flectere: umstimmen – 42 balteus: Waffengurt – 43 fulgēre, fulsī: funkeln – 44 cingulum: Schwertgurt – 45 bulla: (Zier)knopf 46 sternere, strāvī: niederstrecken – 47 īnsīgne *n.*: Zeichen; Schmuck

Ille, oculis postquam saevi monimenta⁴⁸ doloris
946 exuviasque⁴⁹ hausit⁵⁰, furiis⁵¹ accensus et ira
terribilis: »Tune hinc spoliis indute meorum
948 eripiare⁵² mihi? Pallas te hoc vulnere, Pallas
immolat⁵³ et poenam⁵⁴ scelerato ex sanguine sumit.«
950 Hoc dicens ferrum adverso sub pectore condit⁵⁵
fervidus⁵⁶. Ast⁵⁷ illi solvuntur frigore⁵⁸ membra,
952 vitaque cum gemitu fugit indignata⁵⁹ sub umbras.

48 monimentum: Erinnerungszeichen – **49 exuviae** *f. Pl.*: erbeutete Rüstung – **50 haurīre,** hausī: verschlingen; aufsaugen – **51 furia:** Wut – **52 ēripiāre** = ēripiāris *(v. ēripere)* – **53 immolāre:** opfern *(d. Göttern des Totenreichs)* **54 poenam sūmere ex:** Rache nehmen an – **55 condere:** *(hier)* hineinstoßen – **56 fervidus:** hitzig; zornig – **57 ast** = at – **58 frīgus, oris** *n.*: Kälte – **59 indīgnātus:** entrüstet; unwillig

1 (a) Erstellen Sie eine Spannungskurve für diesen Abschnitt und beschriften Sie diese mit lateinischen Begriffen für die zentralen Vorgänge und Gefühle. – (b) Untersuchen Sie die Stilmittel in V. 930–952 und deren Wirkung.
2 Stellen Sie fest, welchen Moment des Geschehens das Bild darstellt und ob es die Stimmung an dieser Stelle gut einfängt.

Luca Giordano (1632–1705): Aenea vince Turno (akg/De Agostini Pict.Lib.)

3 Vergleichen Sie das Verhalten des Aeneas in diesem Text mit dem des Achilles in Homers *Ilias* (vgl. S. 10 f.).
4 Sammeln Sie unter Berücksichtigung aller gelesenen Texte Argumente für und gegen die Zweistimmentheorie (S. 73). Bewerten Sie abschließend den vergilianischen Aeneas als Heldenfigur und als ethisches Vorbild vor dem Hintergrund (a) augusteischer und (b) heutiger Wertmaßstäbe.

Vergil: Ein Autor für alle Zeiten[3]

Vergils *Aeneis* gehört zu den bekanntesten und einflussreichsten Werken der Weltliteratur. Schon seine Zeitgenossen Horaz und Properz loben sein Werk und beziehen sich in ihren eigenen Dichtungen auf Vergil, besonders auf die von ihm propagierte Rom-Idee. Sehr bald nach seinem Tod wurde Vergil Schulautor, d.h. seine Werke wurden im Lese- und Lektüreunterricht benutzt und waren daher den Meisten von frühester Kindheit an vertraut.

Schon in der Epoche Neros und der flavischen Kaiser (2. Hälfte des 1. Jhs. n.Chr.) begann man, Vergils Werke zu kommentieren. Seine Darstellungstechnik und seine Ideen übten ebenfalls Einfluss auf die Autoren dieser Epoche aus. Lucan (39–65 n.Chr.), der Neffe Senecas d.J., konzipierte sein Epos über den Bürgerkrieg zwischen Caesar und Pompeius in Hinsicht auf die Rom-Idee und den Anspruch des julischen Hauses gezielt als »Anti-*Aeneis*«, in der Gestaltung der Szenen lässt sich bei ihm jedoch – ebenso wie bei den Ependichtern der flavischen Zeit – der Einfluss Vergils erkennen.

An der *Aeneis*, ihrem Geschichtsbild und ihrem Werteverständnis kam in der Folgezeit niemand vorbei. Christliche Autoren kritisieren sie zum Teil (Laktanz, Augustinus), zum Teil übernahmen sie sie als Vorbild, deuteten sie gelegentlich um oder passten sie auf andere Art ihren Bedürfnissen an (Augustinus, Prudentius). So deutet der christliche Autor Fulgentius die *Aeneis* in erster Linie als Allegorie des menschlichen Lebens. Daneben entstand auch eine neue Gattung, die sogenannte »Bibel-Epik«, in der christliche Dichter (z.B. Iuvencus) biblische Stoffe zum Inhalt eines Epos nach vergilischem Vorbild machten.

Dem Einfluss der *Aeneis* und ihres Staatsmythos ist es zu verdanken, dass noch im Mittelalter Volksstämme und Fürsten in Europa immer wieder versuchten, ihre eigenen Ursprünge ebenfalls von den Trojanern herzuleiten und so ihre Nähe zum römischen Reich – oder sogar den Anspruch, dessen Erbe fortzuführen – zu unterstreichen.

Vergil wurde während des gesamten Mittelalters, vor allem in der Zeit Karls des Großen, gelesen und diente als Vorbild für mittel- und neulateinische, später auch nationalsprachliche Epen. Im 14.–16. Jh. entstanden die ersten englischen, französischen und deutschen Übersetzungen der *Aeneis*.

Als die bedeutendste literarische Vergil-Rezeption des Mittelalters gilt Vielen die *Commedia Divina* (Göttliche Komödie) des Dante Alighieri (14. Jh.). In diesem Werk lässt Dante Vergil als Führer durch das Jenseits auftreten, und auch die Darstellung dieser Unterwelt ist von Vergil beeinflusst.

Eugène Delacroix, Dante und Vergil in der Hölle (19. Jh.)

---

3 »He was not of an age, but for all time!« schrieb Ben Johnson 1623 über William Shakespeare, den meistgelesenen und meistrezipierten Dichter der englischen Literatur.

Vergils *Aeneis* übte Einfluss auf eine Vielzahl von Schriftstellern späterer Jahrhunderte aus, z. B. auf John Milton (*Paradise Lost*, 17. Jh.) oder Victor Hugo (französischer Schriftsteller des 19. Jhs.). In Deutschland wurde Vergil im 18. und frühen 19. Jh. weniger geschätzt als Homer, das »Originalgenie«, als dessen bloßer Nachahmer Vergil galt. Schiller jedoch übersetzte einige Passagen der *Aeneis,* z. B. die Seesturmszene des ersten Buchs. Um 1900 entdeckte man Vergil auch in Deutschland wieder. Insgesamt sind Anlehnungen an Vergils Gestaltungsweise sowie Bezugnahmen auf Vergil und den Inhalt der *Aeneis* in der europäischen Literatur so verbreitet, dass eine umfassende Zusammenstellung kaum möglich ist. Selbst Sigmund Freud verwendete Vergil-Passagen zur Illustration seiner Überlegungen.

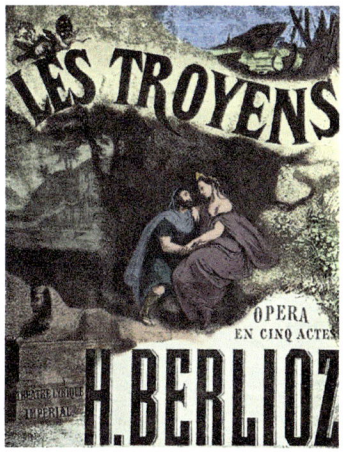

Poster von 1863 (Aufführung im Théâtre-Lyrique, Paris)

Aufgrund ihrer Bekanntheit wurden Szenen der *Aeneis* außerdem sehr häufig in der bildenden Kunst, auf Gemälden oder in Form von Skulpturen, dargestellt. Einige dieser Werke sind in diesem Lektüreband abgebildet. Außerdem zeigen viele Wand- und Deckengemälde europäischer Villen und Schlösser Begebenheiten aus Vergils Epos. Nicht zuletzt wurde der Stoff der *Aeneis,* besonders die Dido-Geschichte, auch in der Oper verarbeitet (z. B. Henry Purcell, *Dido and Aeneas,* 17. Jh.; Hector Berlioz, *Les Troyens,* 19. Jh.). Außerdem existiert eine, allerdings eher mittelmäßige, Verfilmung der vergilischen Aeneasgeschichte aus dem Jahr 1962 (*Aeneas, Held von Troja*) sowie ein vierteiliger Fernsehfilm (*Die Äneis*) von 1970.

1 Informieren Sie sich über die Autoren und den Inhalt folgender Werke:

(a) Ovids Dido-Brief (*Heroides* 7) – (b) Petrons ›Witwe von Ephesos‹ (*Satyricon* 110–112) – (c) Dantes *Göttliche Komödie* – (d) der *Roman d'Eneas* und Heinrich von Veldekes *Eneasroman* – (e) die Opern *Dido and Aeneas* (Purcell), *Les Troyens* (Berlioz) und *La Didone* (Cavalli).

Vergleichen Sie den Inhalt[4] jeweils mit der Darstellung in Vergils *Aeneis* und präsentieren Sie Ihre Ergebnisse.

---

[4] Zentrale Textstellen für (c): *Inferno,* Gesang I, III und V, 1–87; Zentrale Textstellen für (e): *Les Troyens* Nr. 7, 29, 37 und *Dido and Aeneas* Akt I, II, III.

Lernwortschatz

1. Aeneas – ein zweiter Odysseus?

ōra, ae	Küste
altum, ī	(hohes) Meer
saevus, a, um	schrecklich; rasend; grimmig; wütend
memor, memoris	sich erinnernd; an etw. denkend; unversöhnlich
5 īra, ae	Zorn
condere, condō, condidī, conditum	gründen
moenia, ium *n. Pl.*	Mauern
memorāre	sagen; erwähnen
-ve	oder
10 cāsus, ūs	Fall; Zufall; Unglücksfall
antīquus, a, um	alt; altehrwürdig
dīves, dīvitis	reich
asper, aspera, asperum	rau; hart
fertur	es wird berichtet
15 tendere, tendō, tetendī, tentum	sich anstrengen; (sich) (aus-)strecken; streben nach
vertere, vertō, vertī, versum	drehen; wenden; umstürzen; zerstören
arx, arcis *f.*	Burg
superbus, a, um	stolz; überheblich; übermütig
cārus, a, um	lieb; teuer; wertvoll
20 fōrma, ae	Form; Gestalt; Schönheit
aequor, oris n.	Ebene; Fläche; Meer

2. Die Troianer in Seenot

tempestās, ātis *f.*	Sturm; Unwetter
potēns, potentis	mächtig (*Gen.:* über); stark
impellere, impellō, impulī, impulsum	antreiben; veranlassen; anstoßen
latus, lateris *n.*	Seite; Flanke
5 velut/velutī	(so) wie; wie zum Beispiel; als ob
quā (*Adv.*)	wie; wo; wohin
ruere, ruō, ruī	eilen; stürmen; stürzen
crēber, crēbra, crēbrum	häufig; zahlreich
vāstus, a, um	riesig; wüst; öde
10 volvere, volvō, volvī, volūtum	rollen; wälzen; überlegen
flūctus, ūs	Flut; Strömung
īnsequī, īnsequor, īnsecūtus sum	unmittelbar folgen; verfolgen

	pontus, ī	Meer
	āter, ātra, ātrum	schwarz; dunkel
15	praesēns, ntis	anwesend; gegenwärtig
	membrum, ī	Glied; Körperteil
	tendere, tendō, tetendī, tentum	sich anstrengen; (sich) (aus-)strecken; streben nach
	sīdus, sīderis *n.*	Stern
	ōs, ōris *n.*	Mund; Gesicht
20	contingere, contingō, contigī	berühren; gelingen; vergönnt sein
	dexter, dextera, dexterum (*und:* dextra, dextrum)	rechts (dextera/dextra: die rechte Hand)
	unda, ae	Welle; Gewässer
	adversus, a, um	entgegengesetzt; feindlich
	frangere, frangō, frēgī, frāctum	zerbrechen; zerschmettern

3. Neptun greift ein

	altum, ī	(hohes) Meer
	placidus, a, um	friedlich; ruhig; sanft
	efferre, efferō, extulī, ēlātum	herausheben; hervorbringen
	aequor, oris *n.*	Ebene; Fläche; Meer
5	latēre, lateō, latuī	verborgen sein
	fārī, fātus sum	sagen; sprechen
	nūmen, nūminis *n.*	Gottheit; göttlicher Wille; göttliche Macht
	miscēre, misceō, miscuī, mixtum	mischen; verwirren
	praestat	es ist besser
10	sors, sortis *f.*	Los; Schicksal
	saxum, ī	Fels; Stein
	iactāre	schleudern; hin und her werfen; rühmen
	aperīre, aperiō, aperuī, apertum	öffnen; aufdecken
	levis, e	leicht
15	velut/velutī	(so) wie; wie zum Beispiel; als ob
	volāre	fliegen; eilen
	furor, ōris *m.*	Raserei; Wahnsinn; Wut
	cōnspicere, cōnspiciō, cōnspexī, cōnspectum	erblicken
	regere, regō, rēxī, rēctum	lenken; leiten
20	pelagus *n.*	Meer
	cadere, cadō, cecidī	fallen
	flectere, flectō, flexī, flexum	biegen; (hin-)lenken; umstimmen
	currus, ūs	Wagen

4. Die Bestimmung des Aeneas I – Venus' Klage

lātus, a, um	breit; ausgedehnt
tālis, e	solch ein(e/er) solche (r/s); so beschaffen
trīstis, e	traurig; unglücklich
aeternus, a, um	ewig
5 regere, regō, rēxī, rēctum	lenken; leiten
terrēre, terreō, terruī, territum	erschrecken; in Schrecken versetzen
fūnus, fūneris n.	Begräbnis; Tod; Verderben
claudere, claudō, clausī, clausum	zuschließen; versperren
ōlim (Adv.)	einst; dereinst
10 equidem	(ich) allerdings; in der Tat
sinus, ūs	Krümmung; Bucht, Busen; Schoß; Gewand
fōns, fontis m.	Quelle
sēdēs, is f.	Platz; Sitz; Wohnsitz
locāre	(auf)stellen; errichten
15 placidus, a, um	friedlich; ruhig; sanft
quiēscere, quiēscō, quiēvī, quiētum	(aus)ruhen; schlafen
prōdere, prōdō, prōdidī, prōditum	überliefern; verraten; (der Gefahr) preisgeben
honōs (honor); honōris m.	Ehre; Ehrenamt; Wert(schätzung)

5. Die Bestimmung des Aeneas II – Jupiters Antwort

nātus, ī/nāta, ae	Sohn/Tochter
parcere, parcō, pepercī m. Dat.	schonen; sparen
cernere, cernō, crēvī, crētum	unterscheiden; sehen; bemerken
prōmittere, prōmittō, prōmīsī, prōmissum	versprechen
5 moenia, ium n. Pl.	Mauern
sīdus, sīderis n.	Stern
vertere, vertō, vertī, versum	drehen; wenden; umstürzen
volvere, volvō, volvī, volūtum	rollen; wälzen; überlegen
subigere, subigō, subēgī, subāctum	darunter treiben; zähmen; unterwerfen
10 addere, addō, addidī, additum	hinzufügen
sēdēs, is f.	Platz; Sitz; Wohnsitz
mūnīre	bauen; befestigen; schützen
sacerdōs, sacerdōtis m./f.	Priester; Priesterin
asper, aspera, asperum	rau; hart
15 saeculum, ī	Jahrhundert; Menschenalter; Zeitalter
claudere, claudō, clausī, clausum	abschließen; einschließen
furor, ōris m.	Raserei; Wahnsinn; Wut
intus (Adv.)	im Innern; innen
saevus, a, um	schrecklich; rasend; grimmig; wütend

6. Das Troianische Pferd

	dīves, dīvitis *(Gen.Pl. -um)*	reich
	opēs, opum *f. Pl.*	Macht; Mittel; Reichtum
	dēserere, dēserō, dēseruī, dēsertum	verlassen; im Stich lassen
	condere, condō, condidī, conditum	verwahren; bergen; erbauen; gründen
5	rērī, reor, ratus sum	meinen
	lūctus, ūs	Trauer
	aciēs, aciēī *f.*	Schärfe; Heer; Schlachtordnung, Schlacht
	dōnum, ī	Geschenk
	mīrārī, mīror, mīrātus sum	bewundern; sich wundern
10	mūrus, ī	Mauer
	hortārī, hortor, hortātus sum	auffordern; ermahnen
	arx, arcis *f.*	Burg
	sīve/seu … sīve/seu …	sei es (dass)… oder (dass)…; ob … oder …
	sīve/seu	oder; oder wenn
15	dolus, ī	List
	aut … aut	entweder … oder
	subicere, subiciō, subiēcī, subiectum	darunter legen; unterwerfen
	temptāre	angreifen; prüfen; versuchen
	vulgus, ī *n.* (!)	einfaches Volk; Masse
20	carēre *(m. Abl.)*	frei sein von; nicht haben
	latēre	verborgen sein
	fārī, fātus sum	sagen; sprechen
	gemitus, ūs	Seufzen; Stöhnen

7. Laokoons Tod

	sacerdōs, sacerdōtis *m./f.*	Priester; Priesterin
	āra, ae	Altar
	altum, ī	(hohes) Meer
	pariter *(Adv.)*	ebenso; gleichzeitig
5	tendere, tendō, tetendī, tentum	sich anstrengen; (sich) (aus-)strecken; streben nach
	unda, ae	Welle
	tergum, ī	Rücken
	ōs, ōris *n.*	Mund; Gesicht
	nātus, ī	Sohn
10	collum, ī	Hals
	clāmor, clāmōris *m.*	Ruf; Schrei; Geschrei
	incertus, a, um	unsicher
	effugere, effugiō, effūgī *(m. Akk.)*	entfliehen; entkommen

saevus, a, um	schrecklich; rasend; grimmig; wütend
15 tegere, tegō, texī, tēctum	bedecken; beschützen; verbergen
sacer, sacra, sacrum	heilig
laedere, laedō, laesī, laesum	verletzen
scelerātus, a, um	verbrecherisch; frevelhaft; schändlich
dīvus, a, um	göttlich (*subst.:* Gott/Göttin)
20 nūmen, nūminis *n.*	Gottheit; göttlicher Wille; göttliche Macht
dīvidere, dīvidō, dīvīsī, dīvīsum	(zer-)teilen; trennen

8. Fliehen oder Kämpfen?

quiēs, quiētis *f.*	Ruhe; Erholung; Schlaf
mortālis, e	sterblich
grātus, a, um	dankbar; willkommen
mūtāre	umwandeln; verändern
5 flēre, fleō	weinen
maestus, a, um	traurig
quondam *(Adv.)*	einst
varius, a, um	vielfältig; verschiedenartig
dēfessus, a, um	ermüdet; ermattet
10 aspicere, aspiciō, aspexī, aspectum	erblicken
indīgnus, a, um	unwürdig
cernere, cernō, crēvī, crētum	unterscheiden; sehen; bemerken
pectus, pectoris *n.*	Brust; Herz
ruere, ruō, ruī	eilen; stürmen; stürzen
15 sacrum, ī	Heiligtum; Opfer
comes, comitis *m./f.*	Begleiter(in); Gefährte/Gefährtin
pontus, ī	Meer
intereā *(Adv.)*	inzwischen; unterdessen
lūctus, ūs	Trauer; Klage
20 horror, ōris *m.*	Schrecken; schreckliches Bild/Geräusch
tēctum, ī	Dach (*Pl. auch:* Haus)
velut/velutī	(so) wie; wie zum Beispiel; als ob
praeceps, praecipitis	kopfüber; jäh; schnell
ārdēre, ārdeō, ārsī, ārsūrum	brennen
25 furor, ōris *m.*	Raserei; Wahnsinn; Wut
lātus, a, um	weit; breit

9. Flucht aus Troia

	coniūnx, coniugis *m./f.*	Gatte; Gattin
	vertere, vertō, vertī, versum	drehen; wenden; umstürzen; zerstören
	inceptum, ī	Vorhaben; Beginnen
	haerēre, haereō, haesī	hängen; stecken; unbeweglich/beharrlich sein
5	optāre	wünschen
	nefās *n. (undeklinierbar)*	Frevel; Verbrechen
	patrius, a, um	väterlich; des Vaters; heimisch
	āra, ae	Altar
	cernere, cernō, crēvī, crētum	unterscheiden; sehen; bemerken
10	sinister, sinistra, sinistrum	links; unglücklich (sinistra: die linke Hand)
	tēctum, ī	Dach (*Pl. auch:* Haus)
	umbra, ae	Schatten
	prōspicere, prōspiciō, prōspexī, prōspectum	vorausblicken; vorhersehen
	ārdēre, ārdeō, ārsī, ārsūrum	brennen
15	excēdere, excēdō, excessī, excessum	hinausgehen; weggehen
	lābī, lābor, lāpsus sum	(aus-)gleiten; fallen
	colligere, colligō, collēgī, collēctum	sammeln; versammeln
	crūdēlis, e	grausam
	revertī, revertor, revertī, reversum *(Semideponens)*	zurückkehren

10. Achaemenides

	cultus, ūs	Lebensweise; Pflege; Verehrung; Ausstattung
	supplex, supplicis	demütig bittend; flehend
	paulum *(Adv.)*	ein wenig
	haerēre, haereō, haesī	hängen; stecken; unbeweglich/beharrlich sein
5	precēs, precum *f. Pl.*	Bitten
	lūmen, lūminis *n.*	Licht; (in der Dichtung auch:) Auge
	quīcumque, quaecumque, quodcumque	welcher auch immer; jeder beliebige
	fatērī, fateor, fassus sum	(ein-)gestehen
	morārī	sich aufhalten; zögern
10	dēpōnere, dēpōnō, dēposuī, dēpositum	ablegen; niederlegen
	fārī, fātus sum	sagen; sprechen
	comes, comitis *m./f.*	Begleiter(in); Gefährte/Gefährtin
	īnfēlīx, īnfēlīcis	unglücklich
	pauper, pauperis *(Gen.:* -um)	arm
15	proficīscī, proficīscor, profectus sum	(ab-)reisen; aufbrechen

antrum, ī	Höhle
frangere, frangō, frēgī, frāctum	zerbrechen; zerschmettern
āter, ātra, ātrum	schwarz; dunkel
membrum, ī	Glied; Körperteil
20 oblīvīscī, oblīvīscor, oblītus sum *(m. Gen.)*	vergessen
somnus, ī	Schlaf
frōns, frontis *f.*	Vorderseite; Stirn

11. Didos Gefühle

rēgīna, ae	Königin
alere, alō, aluī, altum	(er-)nähren
haerēre, haereō, haesī	hängen; stecken; unbeweglich/beharrlich sein
soror, ōris *f.*	Schwester
5 hospes, hospitis *m.*	Fremder; Gast; Gastgeber; Gastfreund
dēcipere, dēcipiō, dēcēpī, dēceptum	täuschen; enttäuschen
fallere, fallō, fefellī	täuschen; betrügen
fatērī, fateor, fassus sum	(ein-)gestehen
coniūnx, coniugis *m./f.*	Gatte; Gattin
10 sēnsus, ūs	Gefühl; Sinn; Verstand
umbra, ae	Schatten; (*auch:*) Geist
auferre, auferō, abstulī, ablātum	wegbringen; wegnehmen
sinus, ūs	Krümmung; Busen; Schoß; Gewand
iuvāre, iuvō, iuvī	unterstützen; erfreuen
15 mollis, e	weich; zart
ūrere, ūrō, ussī, ustum	(ver-)brennen
īnfēlīx, īnfēlīcis	unglücklich
quālis, e	wie (beschaffen); so wie
iuventūs, ūtis *f.*	Jugend
20 exercēre, exerceō	üben; ausüben; trainieren; quälen

12. Eine Botschaft von Jupiter

ut prīmum	sobald
tangere, tangō, tetigī, tāctum	berühren
arx, arcis *f.*	Burg
cōnspicere, cōnspiciō, cōnspexī, cōnspectum	erblicken
5 dēmittere, dēmittō, dēmīsī, demissum	herabschicken; herablassen
mūnus, mūneris *n.*	Geschenk
nūmen, nūminis *n.*	Gottheit; göttlicher Wille; göttliche Macht

torquēre, torqueō, torsī, tortum	drehen; quälen; schleudern
aura, ae	Luft(-hauch)
10 molīrī	in Bewegung setzen; unternehmen
respicere, respiciō, respexī, respectum	zurückblicken; berücksichtigen; beachten; auf etw. blicken
dīvidere, dīvidō, dīvīsī, dīvīsum	teilen; trennen
potior, potius	lieber; besser
intereā *(Adv.)*	inzwischen
15 rumpere, rumpō, rūpī, ruptum	(zer-)brechen; zerreißen
temptāre	angreifen; prüfen; versuchen
aditus, ūs	Zugang

13. Tragisches Ende

lūmen, lūminis *n.*	Licht; (in der Dichtung auch:) Auge
meminisse, meminī *(m. Gen.)*	sich erinnern (an); denken (an)
umquam *(Adv.)*	jemals
sponte (meā; tuā; …)	freiwillig; aus eigenem Antrieb; von selbst
5 compōnere, compōnō, composui, compositum	abfassen; ordnen; beruhigen
dulcis, e	angenehm; süß; (ge)liebt(t)
quotiēns *(Adv.)*	wie oft? *(interrog.);* so oft, wie *(relat.)*
umbra, ae	Schatten; *(auch:)* Geist
surgere, surgō, surrēxī, surrēctum	aufrichten; sich erheben; aufstehen
10 imāgō, imāginis *f.*	Bild; Abbild; Traumbild
dēsinere, dēsinō, dēsiī, dēsitum	aufhören
incendere, incendō, incendī, incēnsum	anzünden; in Brand stecken; entflammen
āvertere, āvertō, āvertī, āversum	abwenden; vertreiben
accendere, accendō, accendī, accēnsum	anzünden; erregen
15 dīvus, a, um	göttlich *(subst.:* Gott/Göttin)
dūrus, a, um	hart
flectere, flectō, flexī, flexum	biegen; (hin-)lenken; abwenden; umstimmen
excipere, excipiō, excēpī, exceptum	aufnehmen; ausnehmen; übernehmen
āter, ātra, ātrum	schwarz; dunkel
20 improbus, a, um	(moralisch) schlecht; unredlich; gottlos; schamlos
dolēre	schmerzen; Schmerz empfinden; leiden; bedauern
poenās dare	bestraft werden; büßen

14. Ein Wettrennen

fundere, fundō, fūdī, fūsum	(aus-)gießen; zerstreuen
anima, ae	Atem; Seele; Leben
cor, cordis *n.*	Herz
cupīdō, cupīdinis *f.*	Begierde
5 mora, ae	Aufenthalt; Verzögerung
clāmor, clāmōris *m.*	Ruf; Schrei; Geschrei
praeceps, praecipitis	steil; schnell; überstürzt
campus, ī	Feld; freier Platz
ruere, ruō, ruī	eilen; stürmen; stürzen
10 currus, ūs	Wagen
effugere, effugiō, effūgī	entkommen; entfliehen; entgehen
unda, ae	Welle; Gewässer
turba, ae	Menschenmenge; Lärm; Verwirrung
tendere, tendō, tetendī, tentum	sich anstrengen; (sich) (aus-)strecken; streben nach
15 prior, prius	der vorige; der vordere; der frühere
praeterīre, praetereō, praeteriī	übergehen; vorübergehen (an)
iungere, iungō, iūnxī, iūnctum	verbinden; vereinen
dexter, dextera, dexterum (*und:* dextra, dextrum)	rechts (dextera/dextra: die rechte Hand)
cursus, ūs	Lauf; Kurs (*auf See*)

15. In der Unterwelt

sinister, sinistra, sinistrum	links; unglücklich (sinistra: die linke Hand)
torquēre, torqueō, torsī, tortum	drehen; quälen; schleudern
porta, ae	Tor; Tür
turris, is *f.* (*Akk.* -im)	Turm
5 aura, ae	Luft(-hauch)
gemitus, ūs	Seufzen; Stöhnen
saevus, a, um	schrecklich; rasend; grimmig; wütend
scelerātus, a, um	verbrecherisch; frevelhaft; schändlich
dūrus, a, um	hart
10 differre, differō, distulī, dīlātum	aufschieben; sich unterscheiden
sērus, a, um	(zu) spät
dēmum (*Adv.*)	erst; endlich
cernere, cernō, crēvī, crētum	unterscheiden; sehen; bemerken
āter, ātra, ātrum	schwarz; dunkel
15 patēre, pateō	offen stehen; sich erstrecken
umbra, ae	Schatten; (*auch:*) Geist

volvere, volvō, volvī, volūtum	rollen; wälzen; überlegen
crūdēlis, e	grausam

16. Eine glorreiche Zukunft

surgere, surgō, surrēxī, surrēctum	aufstehen; sich erheben
flectere, flectō, flexī, flexum	biegen; (hin-)lenken; umstimmen
aspicere, aspiciō, aspexī, aspectum	erblicken
prōmittere, prōmittō, prōmīsī, prōmissum	versprechen
5 aureus, a, um	golden
condere, condō, condidī, conditum	gründen
prōferre, prōferō, prōtulī, prōlātum	(hervor-)holen; zur Sprache bringen; vorwärts bringen
sīdus, sīderis *n.*	Stern
dēscendere, dēscendō, dēscendī, dēscēnsum	herabsteigen
10 adversus, a, um	entgegengesetzt; feindlich
īnstruere, īnstruō, īnstrūxī, īnstrūctum	aufstellen; ausrüsten; unterrichten
vertere, vertō, vertī, versum	drehen; wenden; umstürzen; zerstören
parcere, parcō, pepercī *(m. Dat.)*	schonen; sparen
avus, ī	Großvater; Vorfahr
15 tacēre, taceō	(ver-)schweigen
regere, regō, rēxī, rēctum	lenken; leiten
ars, artis *f.*	Kunst; Fähigkeit
impōnere, impōnō, imposuī, impositum	darauf legen; auferlegen; einsetzen
subicere, subiciō, subiēcī, subiectum	darunter legen; unterwerfen
20 superbus, a, um	stolz; überheblich; übermütig

17. Turnus

effugere, effugiō, effūgī	entkommen; entfliehen; entgehen
senectūs, senectūtis *f.*	(Greisen-)Alter
īra, ae	Zorn
iuvenis, is *m.*	junger Mann; Jüngling
5 lūmen, lūminis *n.*	Licht; (in der Dichtung auch:) Auge
vērum, ī	Wahrheit
falsus, a, um	falsch
respicere, respiciō, respexī, respectum	zurückblicken; berücksichtigen; beachten; auf etw. blicken
conicere, coniciō, coniēcī, coniectum	(zusammen-)werfen; zuwerfen; folgern; vermuten
10 āter, ātra, ātrum	schwarz; dunkel
somnus, ī	Schlaf

	rumpere, rumpō, rūpī, ruptum	(zer-)brechen; zerreißen
	velut/velutī	(so) wie; wie zum Beispiel; als ob
	aestus, ūs	Glut; Hitze
15	volāre	fliegen; eilen
	ambō, ae, ō (*Dat./Abl.:* ambōbus)	beide
	dīvus, a, um	göttlich (*subst.:* Gott/Göttin)

18. Mezentius

	iungere, iungō, iūnxī, iūnctum	verbinden; vereinen
	poscere, poscō, poposcī	fordern; verlangen
	praeclārus, a, um	großartig; ausgezeichnet
	memorāre	erwähnen; sagen
5	caedēs, is *f.*	Blutbad; Mord
	vīvus, a, um	lebend
	hospes, hospitis *m.*	Fremder; Gast; Gastgeber; Gastfreund
	iūstus, a, um	gerecht
	addere, addō, addidī, additum	hinzufügen
10	retinēre, retineō, retinuī, retentum	zurückhalten
	dēligere, dēligō, dēlēgī, dēlēctum	auswählen
	accendere, accendō, accendī, accēnsum	anfeuern; entzünden; entbrennen lassen
	mandāre	anvertrauen
	nātus, ī	Sohn
15	numen, numinis *n.*	Gottheit; göttlicher Wille; göttliche Macht
	ingredī, ingredior, ingressus sum	eintreten

19. Pallas und Turnus

	ēmittere, ēmittō, ēmīsī, ēmissum	entsenden; freilassen; werfen
	aspicere, aspiciō, aspexī, aspectum	erblicken
	frūstrā *(Adv.)*	umsonst; vergeblich
	super *(Präp. m. Akk./Abl.; Adv.)*	oben auf; über (… hinaus); noch dazu
5	memor, memoris	sich erinnernd; an etw. denkend; unversöhnlich
	quālis, e	wie (beschaffen); so wie
	merēre, meruī	verdienen
	remittere, remittō, remīsī, remissum	zurückschicken; nachlassen; vermindern
	caedere, caedō, cecīdī, caesum	fällen; niederschlagen; töten
10	sors, sortis *f.*	Los; Schicksal
	optāre	wünschen
	ōdisse, ōdī *(Perfekt mit Präsensbedeutung)*	hassen

gemitus, ūs	Seufzen; Stöhnen
impōnere, impōnō, imposuī, impositum	darauf legen; auferlegen; einsetzen
15 lātus, a, um	breit; weit
superbus, a, um	stolz; überheblich; übermütig
caedēs, is *f.*	Mord, Blutbad
dexter, dextera, dexterum (*und:* dextra, dextrum)	rechts (dextera/dextra: die rechte Hand)

20. Der Sohn des Mezentius

cārus, a, um	lieb; teuer
dūrus, a, um	hart
iuvenis, is *m.*	junger Mann; Jüngling
memorāre	sagen; erwähnen
5 inimīcus, a, um	feindlich; des Feindes; (*subst.:*) Feind
dexter, dextera, dexterum (*und:* dextra, dextrum)	rechts (dextera/dextra: die rechte Hand)
nātus, ī	Sohn
perturbāre	in Unordnung bringen; verwirren; stören
velut/velutī	(so) wie; wie zum Beispiel; als ob
10 campus, ī	Feld
rīpa, ae	Ufer
exercēre, exerceō, exercuī	üben; ausüben; trainieren; quälen
undique (*Adv.*)	von überall; von allen Seiten
fallere, fallō, fefellī	täuschen; betrügen
15 saevus, a, um	schrecklich; rasend; grimmig; wütend
surgere, surgō, surrēxī, surrēctum	aufstehen; sich erheben
mollis, es	weich; angenehm; freundlich
mīrus, a, um	erstaunlich; wunderbar; seltsam
cinis, cineris *m.*	Asche

21. Euanders Klage

haerēre, haereō, haesī	hängen; stecken; unbeweglich/beharrlich sein
vix	mit Mühe; kaum
īgnārus, a, um	unwissend; unkundig
propinquus, a, um	nahe; benachbart; verwandt
5 precēs, precum *f. Pl.*	Bitten
sānctus, a, um	ehrwürdig; heilig
coniūnx, coniugis *m./f.*	Gatte; Gattin
restāre, restō, restitī	übrig bleiben; Widerstand leisten

anima, ae	Atem; Seele; Leben
10 caedere, caedō, cecīdī, caesum	fällen; niederschlagen; töten
cadere, cadō, cecidī	fallen
iuvāre, iuvō, iuvī	unterstützen; erfreuen
īnfēlīx, īnfēlīcis	unglücklich
perferre, perferō, pertulī, perlātum	(über-)bringen; ertragen

22. Das Ende der Kämpfe

saxum, ī	Stein; Fels
āter, ātra, ātrum	schwarz; dunkel
lātus, a, um	breit; ausgedehnt
remittere, remittō, remīsī, remissum	zurückschicken; nachlassen; vermindern
5 supplex, supplicis	demütig bittend; flehend
dexter, dextera, dexterum (*und:* dextra, dextrum)	rechts (dextera/dextra: die rechte Hand)
precārī	bitten
sors, sortis *f.*	Los; Schicksal
tangere, tangō, tetigī, tāctum	berühren
10 spoliāre	berauben
lūmen, lūminis *n.*	Licht; (in der Dichtung auch:) Auge
odium, ī	Hass
ācer, ācris, ācre	energisch; heftig; scharf; grimmig
volvere, volvō, volvī, volūtum	rollen; wälzen; überlegen
15 sermō, sermōnis *m.*	Rede; Gespräch
umerus, ī	Schulter
inimīcus, a, um	feindlich; des Feindes; (*subst.:*) Feind
accendere, accendō, accendī, accensum	anfeuern; entzünden; entbrennen lassen (*Passiv auch:* entbrennen)
adversus, a, um	entgegengesetzt; zugewandt
20 membrum, ī	Glied; Körperteil

Stilmittel

Alliteration (die)
: Zwei oder mehr Wörter in einem (Teil-)Satz haben den gleichen Anfangslaut.

    moresque viris et moenia ponet
    Die Wörter mit dem Anfanglaut ‚m' sind auch inhaltlich zentral und werden durch die Alliteration hervorgehoben.

Anapher (die)
: Wiederholung desselben Wortes (oder derselben Wortgruppe) am Beginn mehrerer aufeinander folgender (Teil-)Sätze

    tu mihi, quodcumque hoc regni, tu sceptra Iovemque concilias, tu das epulis accumbere divom
    Das anaphorische *tu* ist auf Juno bezogen und steigert die Emotion in der Rede des Aeolus. So wird seinen Beteuerungen Nachdruck verliehen.

Apostrophé (die)
: »Abwendung«: der Erzähler wendet sich vom Leser ab und den Figuren der Erzählung zu, indem er sie direkt anspricht.

    ardens limitem agit ferro, te Turne ... quaerens
    Der Erzähler gibt seine Distanz zum Geschehen (Objektivität) auf; er nimmt an dem Geschehen unmittelbar Anteil. So wird der Emotionsgehalt der Szene erhöht.

Chiasmus (der)
: »Überkreuzstellung«: zwei aufeinander folgende (Teil-) Sätze sind so gebaut, dass die Reihenfolge zweier Satzglieder im zweiten Satz im Vergleich zum ersten Satz vertauscht ist.

    obtruncant   socios,
    ignem ad fastigia iactant

    Die Verben bilden den Rahmen des Ausdrucks; die Aktionen in der Szene werden dadurch hervorgehoben.

Ellipse (die)
: Auslassung eines Wortes, das der Satz eigentlich erfordert (oft »*est*«)

    ipse arduus = Er selbst ist hochgewachsen
    Die Ellipse von »*est*« bewirkt Knappheit und Prägnanz.

Enjambement (das)	»Hinüberspringen«: ein Satz endet nicht am Versende, sondern erst im folgenden Vers, so dass keine Sprechpause am Versende eintritt. *mortalis mucro glaciēs ceu futtilis ictu dissiluit* Durch ein Enjambement wird eine längere Einheit von Versen geschaffen, die zusammengehören (z. B. in einer Rede), oder (wie hier) der Eindruck besonderer Schnelligkeit erweckt.
Exclamatio (die)	Einfügung eines (Sprecher- oder Erzähler-) Ausrufs *Heu, quantum inter se bellum … ciebunt!* Die persönliche Beteiligung des Anchises steigert die emotionale Wirkung des Inhalts. Vergil überträgt die negativen Gefühle, die er und seine Zeitgenossen mit der Zeit der Bürgerkriege verbinden, auf Anchises. Da dieser hier als Sprachrohr des Schicksals auftritt, haben seine Worte und Bewertungen besondere Autorität.
Geminatio (die)	Doppelte Verwendung eines Wortes in einem (Teil-) Satz. *Arma, viri, ferte arma!* Die Verdoppelung betont den zentralen Begriff *arma* und bewirkt eine Verstärkung der Aussage sowie der im Text ausgedrückten Emotionen.
Gleichnis (das)	Vergleich, der eine längere Beschreibung aus dem Bereich enthält, der zur Veranschaulichung herangezogen wird *in segetem velutī cum flamma furentibus Austris/incidit, aut rapidus montano flumine torrens/sternit agros, sternit sata laeta boumque labores* Der Vergleich mit den Naturgewalten veranschaulicht die Gewalt und Verwirrung, die sich den Augen des Aeneas darbieten. Gleichzeitig deutet der Inhalt des Vergleichs bereits das letztendliche Schicksal Troias (Zerstörung) an.
Hendiadyoin (das)	»Eins durch zwei«: Verbindung zweier Begriffe, meist Substantive, durch »und« zur Bezeichnung einer einzigen Sache: Die Kombination dient der Verstärkung, wechselseitigen Ergänzung (s. u.) oder Bildung eines neuen Begriffs mit eigener Bedeutung (z. B. »Feuer und Flamme«). *furor iraque:* rasender Zorn Es werden zwei unterschiedliche Aspekte benannt: der Zorn selbst *(ira)* und seine Qualität *(furor:* rasend).

Litótes (die)	doppelte Verneinung/Verneinung des Gegenteils
	nec latuere (= und war(en) nicht verborgen) für »und war(en) völlig offenbar« Die Litotes dient der Betonung des Gemeinten.
Metapher (die)	»Übertragung«: bildhafter Ausdruck, anders als der Vergleich ohne »wie«
	lux Dardaniae (= Licht Dardaniens) als Anrede für Hektor Die Metapher zeigt, dass mit Hektor die große Hoffnung der Troianer begraben ist und dass Troia ohne ihn in eine düstere Zukunft blickt.
Onomatopoiie (die)	Lautmalerei: die Laute der verwendeten Wörter ahmen das im Kontext entstehende Geräusch nach.
	magno cum murmure montis Die m-Laute und dunklen Vokale imitieren das Berggrollen.
Parallelismus (der)	Zwei oder mehr (Teil-)Sätze sind parallel konstruiert, weisen also die gleiche Reihenfolge der Satzglieder auf.
	duo lacte novo duo sanguine sacro Durch die Parallele, die mit einer Anapher verbunden ist, wird das Rituelle der Handlung hervorgehoben und ein Eindruck von Feierlichkeit bewirkt.
Periphrase (die)	Umschreibung eines Begriffs durch mehrere andere
	gente sub Hectorea (= unter dem Geschlecht Hektors) für »unter den Troianern« Die Erwähnung Hektors weist darauf hin, dass durch das neu entstehende Volk, die Römer, das Erbe des untergegangenen Troia fortgeführt wird. Diese Verbindung macht Jupiter hier deutlich, weil Venus sich zuvor über das Schicksal der Troianer beklagt hat.
Rhetorische Frage (die)	als Frage formulierte Aussage, bei der eine Anwort unnötig ist
	Nam quod consilium aut quae iam fortuna dabatur? Die rhetorische Frage betont die Hoffnungslosigkeit der Lage und steigert die emotionale Wirkung dieser Feststellung.
Vergleich (der)	(kurzer) Vergleich zweier Sachverhalte unter Verwendung eines Vergleichswortes (»wie«):
	bis patet in praeceps .../quantus ad aetherium caeli suspectus Olympum Der Vergleich veranschaulicht die Tiefe des Abgrunds in der Unterwelt. Zugleich betont er durch die unterschiedliche Blickrichtung den Gegensatz zwischen der himmlischen Götterwelt und der Finsternis des Tartarus.

Eigennamenverzeichnis

Achillēs, is (*Gen. auch* -ī) *m:* größter Held der Griechen im Troianischen Krieg; er tötete Hektor, den ältesten Sohn des Priamos und wichtigsten Kämpfer der Troianer

Achīvī, ōrum *m. Pl.:* Achiver, Griechen (anderer Name für die Griechen, nach dem Stammvater Achaeus)

Aenēas, ae (*Akk. auch* Aenēan, *Vokativ:* Aenēā) *m:* Anführer der Troianer in der *Aeneis,* Sohn des Anchises und der Göttin Venus

Aeacidēs, ae *m.* (*Akk. Sg.:* Aeacidēn): Nachkomme des Aiakos (*meist:* Achilles; in *Aen.* 6, 839: Perseus, Gegner Roms im Dritten Makedonischen Krieg. Der Makedone Alexander der Große hatte seine Abstammung auf Achilles zurückgeführt)

Āfricus: Südwestwind

Agamemnonius, a, um: des Agamemnon (Agamemnon: Anführer der Griechen im Troianischen Krieg)

Agylla (= Agyllīna urbs): griech. Name der etruskischen Stadt Caere

Alba (Longa): alte Stadt in Latium; der Sage nach von Aeneas' Sohn Ascanius gegründet; Mutterstadt Roms, aus der Romulus stammte

Albānus, a, um: aus/von Alba (*vgl. Alba*)

Alcides: »Nachkomme des Alceus«; häufige Bezeichnung für Hercules/Herakles, Sohn des Zeus und der Alkmene, als der stärkste Held der griechischen Mythologie bekannt. Er musste für König Eurystheus zwölf Arbeiten ausführen (u. a. musste er die Hydra von Lerna, den Erymanthischen Eber und die Kerynitische Hirschkuh besiegen) und bereiste dabei viele Länder

Alōīdēs *m. Pl.:* (*Akk. Pl:* **Alōīdās**): Aloiden; Söhne d. Aloeus oder des Poseidon; Riesen der griech. Mythologie, die mit einer Leiter den Olymp bestiegen, um die Götter zu entthronen; sie wurden jedoch besiegt und in den Tartarus verbannt

Anchīsa/Anchīsēs, ae (*Akk.:* -ēn) *m:* Vater des Aeneas

Anchīsiadēs, is *m.:* der Sohn des Anchises (= Aeneas)

Antēnōr, ōris: Einflussreicher Trojaner, der vor Ausbruch des Trojanischen Krieges Menelaos und Odysseus als Gesandte der Griechen in sein Haus aufgenommen und der sich dafür ausgesprochen hatte, Helena auszuliefern und Frieden mit den Griechen zu schließen. In der mythologischen Tradition wurde dies zum Teil als Verrat an Troja ausgelegt. Er konnte sich ebenfalls retten und gelangte nach Italien, wo er Patarium (Padua) gründete

Aquilō, ōnis *m.:* Nordwind

Arcades, um: Arkader (aus Griechenland stammendes Volk des Euander)

Argolicus, a, um: griechisch (von Argos, einer Landschaft der Peloponnes abgeleitet)

Argos *n.* (auch: **Argī,** ōrum *m.*): Argos, Landschaft der Peloponnes; der Name wird von Dichtern auch für Griechenland insgesamt verwendet

Ascanius: Sohn des Aeneas mit dessen erster Frau Crëusa; er entkommt mit seinem Vater aus Troia

Assaracus: Urgroßvater des Aeneas

Atlās: einer der Titanen (*vgl. Titanes*), der nach der griech. Mythologie das Himmelsgewölbe auf den Schultern trägt

Aurōra: Aurora; Morgenrot bzw. Göttin der Morgenröte

Ausonius, a, um: ausonisch; italisch; von Italien (*Subst:* Einwohner Italiens)

Auster, trī: Südwind

Avernus, a, um: des Avernersees, zum Avernersee gehörend (dort befand sich laut römischer Mythologie ein Eingang zur Unterwelt)

Capitōlium: Kapitol; Jupitertempel in Rom
Capys: Name eines Troianers
Caspius, a, um: am Kaspischen Meer
Caucasus: Kaukasus (Gebirgskette in Asien)
Catō, ōnis: M. Porcius Cato Censorius (Cato d. Ä.: 234–149 v. Chr.); Soldat, Staatsmann (Konsul, Zensor) und Schriftsteller; bekannt dafür, dass er immer wieder die Zerstörung Karthagos *(ceterum censeo carthaginem esse delendam)* gefordert haben soll
Centaurus: einer der Troianer, die Aeneas begleiten
Cerēs, Cereris: *griech.* Demeter; Göttin des Getreides
Cloanthus: einer der Troianer, die Aeneas begleiten
Corinthus, ī *f.:* Korinth (Stadt in Griechenland)
Cossus: A. Cornelius Cossus; Konsul 428 v. Chr.; erlangte Berühmtheit, weil er im Krieg gegen Veii den etruskischen König Lars Tolumnius im Zweikampf tötete und seine Rüstung erbeutete
Crëūsa: troianische Ehefrau des Aeneas; Mutter des Ascanius
Cyclōps, Cyclōpis: Kyklop; einäugige Riesen der griechischen Mythologie
Cyllēnius: Merkur; *griech.* Hermes (nach dem Gebirge, wo Merkur dem Mythos nach geboren und aufgezogen wurde)
Cymothoē: Name einer Meeresnymphe
Cytherēa: Beiname der Venus

Danaus: Danaer, Grieche (häufige Bezeichnung für die Griechen bei Dichtern; nach dem mythischen Gründer von Argos)
Dardanus: Sohn des Jupiter und der Elektra; Großvater des Tros; Vorfahre des troianischen Königshauses
Daunus: Vater des Turnus
Dardania: Troia *(vgl. Dardanius)*
Dardanius, a, um: troianisch, Troianer; nach dem Stammvater Dardanus

Dēiphobus: troianischer Königssohn
Dīdō, Dīdōnis: Tochter des Königs von Tyrus (Phönizien), von wo sie floh, nachdem ihr Bruder ihren Gatten Sychaeus ermordet hatte; sie landete danach in Afrika und gründete Karthago
Dolopēs, um *m. Pl.:* Doloper; Volksstamm aus Thessalien
Dōricus: dorisch (*dichterisch:* griechisch)

Elissa: anderer Name der Dido
Etrūria: Etrurien; Landschaft in Mittelitalien, heute Toscana
Etruscus, a, um: etruskisch; Etrusker (Bewohner Etruriens)
Euander, Euandrī: arkadischer König von Pallanteum, einer Siedlung im Gebiet des späteren Rom; Bündnispartner des Aeneas
Eurus: Südostwind
Erīnys *f.:* Furie (Rachegöttin)
Erymanthus: Berg in Arkadien, in dessen Gegend der Erymanthische Eber wütet und die Bewohner in Schrecken versetzt

Ganymēdēs, is *m:* troianischer Königssohn, wegen seiner Schönheit entführt, um Mundschenk des Jupiter zu werden
Garamantēs *m. Pl. (Akk. Pl.* Garamantēs): Garamanten; Volk in Afrika
Gnōsius, a, um: aus Knossos, aus Kreta
Grāius, a, um: griechisch, Grieche
Grȳnēus (Adj.): von Grynium (Beiname des Apollo; Grȳnium, einer Stadt in Mysien mit einem Apollo-Orakel)
Gyās: einer der Troianer, die Aeneas begleiten

Hector, oris: ältester Sohn des Priamos, des Königs von Troia, und wichtigster Kämpfer der Troianer im Troianischen Krieg
Hectoreus: des Hektor, *(oft:)* troianisch
Hesperia: Hesperien; das Abendland (bei Vergil: Italien)

Hydra: vielköpfiges, schlangenartiges Ungeheuer der griechischen Mythologie

Hyrcānus: hyrkanisch (Hyrcana: Landschaft in der Nähe des Kaspischen Meeres)

Īliacus, a, um: troianisch (abgeleitet von Ilios/Ilion/Ilium, einem anderen Namen für Troia)

Īlia: Rhea Silvia; Mutter des Romulus

Īlius, a, um: troianisch (vgl. Iliacus)

Illyricus: illyrisch (Illyrien: Region in der westlichen Balkanhalbinsel)

Īlus: erster Beiname des Ascanius, nach dem Erbauer Troias

Indī, ōrum: Inder

Ītalus, a, um: italisch, von Italien, Italiker (Einwohner Italiens in der Antike)

Ithaca: Insel in der Ägäis; Heimat des Odysseus

Ithacus: aus Ithaka, Ithaker (*meist:* Odysseus)

Iūlus (Iūlŭs): Beiname/anderer Name des Ascanius

Iūnō, Iūnōnis: Juno, *griech.* Hera; Ehefrau des Göttervaters Jupiter/Zeus

Iuppiter, Iovis: Jupiter, *griech.* Zeus; Herrscher der Götter, Gott des Himmels und Wetters

Karthāgō, Karthaginis *f.*: Stadt im Norden Afrikas (im heutigen Tunesien), gegen die Rom lange Krieg führte

Lāocoōn, Lāocoontis *m.*: Laokoon, troianischer Priester des Neptun/Poseidon

Latīnī, ōrum *m. Pl.*: die Latiner; Volk, das zur Zeit des Aeneas in Latium lebt

Latīnus: König der Latiner in Latium

Latium: Landschaft in Mittelitalien, in der später Rom gegründet wurde

Lausus: Sohn d. Mezentius

Lāvīnia: Tochter des Latinerkönigs Latinus, spätere Ehefrau des Aeneas

Lāvīnium: Stadt in Latium, die Aeneas nach seiner Ankunft dort gegründet und nach seiner neuen Gattin Lavinia benannt hat

Lavinius Adj.: lavinisch; »Laviniums«; von Lavinium

Lerna: Stadt und See bei Argos, wo Hercules die Hydra (= Lernäische Schlange) tötete, die regelmäßig Vieh zerriss und Felder verwüstete

Līber: anderer Name des Bacchus/Dionysos; Sohn des Zeus/Jupiter und der Semele, der Tochter des Königs Kadmos von Theben; Gott des Weinbaus, des Rausches und der Ekstase

Liburnī, ōrum: die Liburner; Bewohner Liburniens (heute: Kroatien)

Libya: Libyen; Landschaft an der Küste Nordafrikas

Libycus, a, um: libysch (= karthagisch)

Lycia: Lykien (Landschaft in Kleinasien)

Lȳdius: lydisch (Lydien: Region in Kleinasien)

Māgālia *n. Pl.*: die Vorstadt Karthagos

Maeonius: lydisch (Lydien: Region in Kleinasien)

Maeōtius, a, um: der Maeoten (skythisches Volk)

Maia: Göttin; Mutter des Merkur

Mārs, Mārtis: *griech.* Ares; Gott des Krieges

Māvortius: des Mars

Menoetēs (*Akk. Sg.*: Menoetēn): einer der Troianer, die Aeneas begleiten

Mezentius: ehemaliger etruskischer König; Verbündeter des Turnus

Minerva: *griech.* Athene; Göttin der Weisheit und des Handwerks

Mnēstheus (Akk.: Mnēsthea): einer der Troianer, die Aeneas begleiten

Monoecus: Beiname des Herkules

Mūsa: Muse (Musen: Schutzgöttinnen der Künste)

Mycēnae, ārum: Mykene; Wohnsitz und Reich des griech. Königs Agamemnon

Neptūnus: Neptun; *griech.* Poseidon, Gott des Meeres

Nīlus: der Nil

Notus: Südwind

Nȳsa: Berg (und Stadt) in Asien, wo der Sage nach Dionysos (s. Liber), gepflegt von einer Amme, unter wilden Tieren aufwuchs und wo er den Weinbau entdeckte. Von dort aus durchreiste er später die Länder, um den Menschen den Weinbau zu bringen und seinen eigenen Götterkult zu gründen. Dabei rächte er sich an denen, die seine Gottheit nicht anerkennen wollten

Olympus: Olymp; Berg in Griechenland, der Sage nach Wohnsitz der Götter

Pallās, Pallantis (*Akk.:* Pallanta, *Vokativ:* Palla): Sohn des Euander; Verbündeter des Aeneas, der Euander versprochen hat, ihn unter seine Obhut zu nehmen

Parcae, ārum: Parzen; Schicksalsgöttinnen, die den Lebensfaden spinnen

Paris, Paridis: Sohn des troianischen Königs Priamos, der sich der Sage nach durch sein Urteil im Schönheitskampf der Göttinnen den Zorn Junos und Minervas zuzog und dann Helena, die Frau des Menelaos, entführte und so den Troianischen Krieg auslöste

Patavium, *n.:* antiker Name des heutigen Padua (Stadt in Norditalien); der Sage nach von Antenor gegründet

Penātēs, ium *m. Pl.:* Penaten; a) Hausschutzgötter der Familie; b) von Aeneas aus Troja nach Italien mitgebrachte Schutzgötter des römischen Staates

Pergama *n. Pl.:* Troia

Phlegethōn: Feuerstrom in der Unterwelt

Phoebēus, a, um: des Phoebus (= Sonnengott)

Phryges *m. Pl.:* die Troianer (nach Phrygien, einer Landschaft in Kleinasien)

Phrygius, a, um: phrygisch, troianisch

Phthīa: Heimatstadt des Achilles

Poenī: ōrum: die Punier (= Karthager)

Priamus: König von Troia während des Troianischen Krieges

Pristis: einer der Troianer, die Aeneas begleiten

Prīvernum: Stadt im Volskergebiet (Italien)

Pyrrhus: Sohn d. Achilles (auch: Neoptolemos)

Quirīnus: Name des vergöttlichten Romulus

Remus: Bruder des Romulus

Rhadamanthus: Unterweltrichter der griech.-röm. Mythologie und früherer Herrscher Kretas

Rutulus, a, um: rutulisch, Rutuler; Volk in Italien, ihr Anführer in der *Aeneis* ist Turnus

Sabellus, a, um: sabinisch (Sabiner: Volk in Italien)

Sarpēdōn: König von Lykien, Verbündeter der Troianer

Samos, ī *f:* Samos; Insel im ägäischen Meer, Hauptort des Hera/Juno-Kultes

Sāturnia: Tochter des Saturn (= Iūnō)

Sāturnius: Sohn des Saturn (= Iuppiter)

Sāturnus: Saturn, *griech.* Kronos; altitalischer Gott des Ackerbaus, Herrscher des Goldenen Zeitalters, wurde von seinem Sohn Jupiter (Zeus) vom Thron gestürzt

Sergestus: einer der Troianer, die Aeneas begleiten

Serestus: einer der Troianer, die Aeneas begleiten

Silvius: Sohn des Aeneas mit Lavinia

Simoīs: Fluss bei Troia

Sychaeus: Mann der Dido, von ihrem Bruder ermordet, worauf sie aus Tyrus floh

Tarchōn: etruskischer Fürst

Tartareus, a, um: des Tartarus, unterirdisch, zur Unterwelt gehörend

Tartarus: finsterster Ort des Totenreichs, in dem Übeltäter ihre Strafen abbüßen

Tenedos/-us (*Gen.* -i,), *f.*: Tenedos; Insel im ägäischen Meer nahe bei Troia

Teucria: Troia (*vgl.* Teucrus)

Teucrus, a, um: troianisch, Troianer (anderer Name für die Troianer, nach Teuker, dem Schwiegervater des Dardanus, des Stammvaters der Troianer)

Thybris, idis: Tiber (*vgl.* Tiberis)

Thymoetēs *m.*: Name eines Troianers

Tiberis, is (*Akk.* im, *Abl.* ī) *m.*: Tiber; Hauptfluss Mittelitaliens, der durch Rom fließt

Timāvus: Fluss im Nordosten Italiens zwischen Aquileia und Triest

Tīsiphonē *f:* eine der Furien (Rachegöttinnen)

Tītānius, a, um: der Titanen, zu den Titanen gehörend (Titanen: Göttergeschlecht, das im Kampf gegen die Olympischen Götter unterlag und von Zeus/Jupiter in den Tartarus verbannt wurde)

Trītōn: Sohn Neptuns und einer Nymphe

Trītōnis, idis *f:* Minerva/Athene

Trōes, Trōum (*Akk.* Trōas), *m. Pl.:* Troer; Troianer (anderer, griechischer Name für die Troianer)

Trōia: Stadt an der Küste Kleinasiens, die laut der griechischen Mythologie nach einem zehnjährigen Krieg durch die Griechen vernichtet wurde

Trōiānus, a, um: troianisch; Troianer

Trōius, a, um: troisch; troianisch; Troianer

Turnus: Fürst der Rutuler (Stamm in Mittelitalien), der um Lavinia, die Tochter des Latinus, warb

Tȳdīdēs: Sohn des Tydeus (= Diomedes, der Aeneas beinahe im Troianischen Krieg getötet hätte)

Tyrius, a, um: tyrisch; phönizisch; Tyrier; Phönizier (*vgl.* Dido)

Tyrrhēnus, a, um: etruskisch; Etrusker (Bewohner Etruriens)

Ūcalegōn: Name eines Troianers

Ulixēs, Ulixis: Odysseus; griechischer Kämpfer im troianischen Krieg; Anführer der Ithaker

Venus, Veneris: *griech.* Aphrodite; Göttin der Liebe; Tochter Jupiters (*bei Homer und Vergil*) und Mutter des Aeneas

Vesta: Göttin des Herdfeuers; ihren Kult soll Aeneas von Troia nach Rom gebracht haben

Volcānus: Vulcan (*griech.* Hephaistos): Gott des Feuers, Götterschmied

Volscus, a, um: volskisch; Volsker; italisches Volk; Verbündete des Turnus

Zephyrus: Westwind

Weiterführende Literatur

Adam, B., Das Fatum in der Aeneis als Ansatzpunkt zu ihrer Erschließung, Anregung 21 (1975), 408–410.

Albrecht, M. v., Vergils Geschichtsauffassung in der ›Heldenschau‹, WS N.F. 1 (1967), 156–182.

Buchheit, V., Vergil über die Sendung Roms, Heidelberg 1963.

Dörrie, H., Pietas, AU 4 (1959), 5–27.

Eck, W., Augustus und seine Zeit, München ³2003.

Effe, B., Epische Objektivität und auktoriales Erzählen. Zur Entfaltung emotionaler Subjektivität in Vergils Aeneis, Gymnasium 90 (1983), 171–186.

Fleißner, U., Dido und Aeneas – »Liebe« und »Liebesverrat« im Nationalepos der Römer, in: Neukam, P. (Hg.), Motiv und Motivation, München 1993, 26–46.

Friedrich Verlag (Hg.), Der altsprachliche Unterricht 49 (2006), 2 + 3 (Vergil).

Friedrich Verlag (Hg.), Der altsprachliche Unterricht 50 (2007), 2 (Vergil: Rezeption).

Gall, D., Die Literatur in der Zeit des Augustus, Darmstadt 2006.

Glücklich, H.-J., Leidenschaft, Vernunft und der Sinn des Lebens – Vergils Aeneis als Schullektüre, Gymnasium 91 (1984), 40–60.

ders. (Hg.), Vergils »Aeneis« im Unterricht, Göttingen ³2004 (Consilia 6).

Grobauer, F. J., Vergil und Homer. Art und Funktion der Homerimitation in der *Aeneis*, AU 49 (2006), 2 + 3, 56–70.

Holzberg, N., Vergil. Der Dichter und sein Werk, München 2006.

Jahn, S., Der Troia-Mythos. Rezeption und Transformation in epischen Geschichtsdarstellungen der Antike, Köln – Weimar – Wien 2007.

Kuhlmann, P. (Hg.), Lateinische Literaturdidaktik, Bamberg 2010.

Loretto, F., Aeneas zwischen Liebe und Pflicht. Ein Beitrag zur Interpretation von Vergil, Aeneis 4, vv. 331–361, AU 13 (1970), 27–40.

Potz, E., Pius furor und der Tod des Turnus, Gymnasium 99 (1991), 248–262.

Rieks, R., Vergils Dichtung als Zeugnis und Deutung der römischen Geschichte, ANRW II 31.2 (1981), 728–868.

Suerbaum, W., Aeneas zwischen Troia und Rom, Poetica 1 (1976), 176–204.

ders., Vergils Aeneis: Epos zwischen Geschichte und Gegenwart, Stuttgart 1999.

Vielberg, M., Zur Schuldfrage in Vergils Aeneis, Gymnasium 101 (1984), 408–428.

Wlosok, A., Vergils Didotragödie: ein Beitrag zum Problem des Tragischen in der Aeneis, in: Görgemanns, H./Schmidt, E. A. (Hgg.), Studien zum antiken Epos. Beiträge zur klassischen Philologie 72, Meisenheim am Glan 1976, 228–250.

dies., Aeneas Vindex: ethischer Aspekt und Zeitbezug, in: dies., Res humanae – res divinae, Heidelberg 1990, 419–436.